AF210258

INHALT:

SLAUGHTERHOUSE NEWS

INDIPENDENCE DAY KEHRT IN 3D ZURÜCK

Ernsthaft? Ja!
Neben den zuletzt erfolgreich im Kino gelaufenen Neukonvertierungen wie „Titanic 3D", oder „König der Löwen 3D" findet auch Roland Emmerichs patriotisches Alien-Invasions-Spektakel dreidimensional überarbeitet in die Kinos zurück. Sofern man sich bei der Konvertierung so viel Mühe gibt, wie Disney oder James Cameron, ist daran auch absolut gar nichts einzuwenden.
Der Film soll 2013 (zumindest) in die US-Kinos kommen.

CLIVE BARKER SCHREIBT FÜR „ZOMBIES vs GLADIATORS"

Hier dürfen wir wirklich alle gespannt sein, was am Ende bei raus kommt. Denn wenn man an Clive Barker denkt, dann bringt man ihn wohl kaum mit einem Titel, wie „Zombies vs Gladiators" in Verbindung. Doch genau diesen schreibt jetzt der Schöpfer solcher Kult-Horror-Perlen wie „Hellraiser", „Nightbread" oder „Midnight Meat Train" für die Amazon Studios um.
Im Film geht es um einen Schamane welcher im alten Rom in Kolosseum hingerichtet werden soll, dafür einen Fluch ausspricht und somit den ersten Zombie-Ausbruch der Geschichte verursacht. Nun liegt es in den Händen eines Gladiators die Horden der Zombies zurückzuschlagen und Rom zu retten.
- Jo, klingt nach Gaudi!

TROMA SITZT NOCH MAL IN DER NUKE´EM HIGH NACH

26 Jahre nachdem die ersten ADS-Terror-Legastheniker es an Tromavilles High-School mit den üblichen Coming-of-Age-Problemen und Mutanten zu tun bekamen, wird nun diesen Sommer ein dritter Teil der ultrarashigen und (gewollt) geschmacklosen Splatterkomödie gedreht.
Ein dreifaches Hoch auf das Nachsitzen!!!

„ES" WIRD KINO

Von einer Neuverfilmung des Stephen King Bestsellers „Es" ist ja schon länger die Rede, doch jetzt scheint es, dass das Projekt in trockenen Tüchern ist. So wurde mit Cary Fukunga („Jane Eyre") inzwischen ein Regisseur verpflichtet und der Film soll als Zweiteiler in die Kinos kommen. Dann hoffen wir mal stark, dass man beim Dreh eine R-Rating anpeilt!

WORLD WAR Z – VERSCHIEBUNG AUF 2013 UND NACHDREHS WAHRSCHEINLICH

Paramount musste vor kurzen Bescheid geben, dass sie den Start der von Brad Pitt produzierten Verfilmung des Max Brooks Bestsellers „World War Z" auf 2013 verschieben müssen, Grund sollen chaotischen Zustände bei Dreh sein, da Regisseur Marc Foster („Ein Quantum Trost") offenbar das richtige Gespür für die Inszenierung der Actionszenen zu fehlen scheint und es wohl so zu Machtkämpfen unter der Crew kam. Auch soll es, wegen Paramounts Drängen auf einen schnellen Dreh, kein vollständig ausgereiftes Drehbuch gegeben habe.

FRISCHFLEISCH REVIEWS

Unsere Top-Movies! Aktuelles von unserer Netzhaut gekratzt...

PIRANHA 3DD

Hail tot the Fish!
Die pre-historischen
Killerfische sind nicht tot zu
kriegen.
Nachdem sie sich im Lake
Victoria ausgiebig an den
partywütigen Springbreakern
verköstigt haben und dort
nun kein Hahn mehr kräht,
haben es die
Piranhas nun in ein benach-
bartes Gewässer geschafft,
wo sie sich unbarmherzig ihren
Weg durch vögelwütige Teenager
in den anliegenden Wasserpark
fressen.

KRITIK: Ja, da haben wir
sie nun. Die ebenso unvermeidli-
che, wie von Fans ersehnte Fortsetzung zu Ajas bluttriefenden
3D-Spektakel „Piranha 3D" .
Und ich sage es gleich, der Film
ist ein schlechtes Sequel, wie es
im Buche steht. (Was aber zu-

mindest für Trash begeisterte
Glotzköpfe, kein Grund ist, ihn
sich entgehen zu lassen).
Denn, was von einem Wunder-
kind wie Alexandre Aja („Mirrors",
„The Hills have Eyes"), in Anbe-
tracht der der Anspruchslosigkeit
des Genres, nicht mehr als ein
paar lockere Fingerübungen er-
forderte um richtig gut zu werden, entwickelte sich unter der

Regie von John Gulager („Feast 1-3") zu einer Trashgranate, die so manchen Filmfreund sicherlich fassungslos mit offener Fresslucke zurücklassen dürfte.

TRASH IST NICHT GLEICH TRASH

Nicht dass nicht auch schon Teil 1 in die Sparte Edeltrash fiel und gern mal mit der ein oder andere Geschmacklosigkeit unterhalb der Gürtellinie kitzelte, doch wo bei Aja wohl portioniert und perfekt getimt wurde, kommt Gulager mit einer Lastwagenschippe an Crazy Shit angefahren, und schüttet dem Zuschauer den ganzen Dreck vor die Füße. – Ein Unterscheid wie zwischen einer Roger Corman Produktion und einem Troma Film (oder wie der Unterschied zwischen dem ersten „Feast"-Film und seinen Fortsetzungen).

Das ist vor allen Dingen zunächst sehr gewöhnungsbedürftig, verschiebt es den ohnehin schon lockeren Tenor, des Films noch weiter ins Komödiantische – bis hin zur, fast schon grotesk anmutenden, Selbstparodie.

ES REGIERT DER WAHNSINN

Dabei geht es zum großen Teil so abgedreht zur Sache, dass die Piranhas im Film (welche ohnehin nicht mehr immer so unglaublich gefährlich daherkommen) gelegentlich zur Nebensache verkommen.

War in „Piranha 3D" mit Jerry O´Connel als schmierig verrückter Porno-Produzent gerade mal ein schräger Charakter vorhanden, gleicht die Doppel-D-Variante zuweilen einer einzigen Freakshow. Das fängt schon mit Garry Busey als durchgeknallter Hinterwäldler an, der eingangs nicht nur mit angezündeten Fürzen einen Kuh-Kadaver in den Orbit pustet, sondern beim nachfolgenden Fischangriff auch noch zurückbeißt – und das ist nur der Anfang!

HIER MAL EINIGE HIGHLIGHTS:

- Shelby (Kathrina Bowden), die ihren Cousin scharf findet, nicht als Jungfrau sterben möchte und nicht merkt, dass sich ein Piranha in ihrer Vagina einnistet – was schließlich noch zu freudschen Problemen führen wird.
- **Der fette Poolboy**, der gern die Pool-Düse pimpert, und später selbst von einem der Fische in seine Düse gepimpert wird.
- **Das Pärchen**, dass zuerst betet, es dann aber so eilig mit der Unzucht hat, dass sie beim Vorspiel die Handbremse lösen und samt Rammelkiste den Piranha verseuchte See rollt, wobei noch Plüschhandschellen jede Flucht unmöglich machen.
- **David Hasselhoff**, der sich selbst ordentlich auf die Schippe nimmt und selbst inmitten eines Blutbads gelangweilt auf dem Aussichtsposten sitzen bleibt und genervt betont, dass er doch kein Rettungsschwimmer ist.

(...Und das waren nur die absoluten Highlight!)

NO FRIENDOS!

An dieser Stelle sei auch die erste ganz große Schwäche des Films angesprochen: Und zwar, dass der Film daran krankt, dass es nicht Ansatzweise einen Charakter gibt, um den es sich mit zu fiebern lohnt.

Entweder diese sind einfach nur abgedreht und unsympathisch, - oder absolut schablonenhaft und uninteressant, wie etwa Hauptfigur Maddy (Daniellle Panabaker „Freitag der 13"-Remake).

DA GING DOCH MEHR!

Und wo wir schon bei Schwächen sind, dann kommen wir gleich zur größten Enttäuschung von Piranha „3DD": Obwohl knapp 2/3 des Films (halbwegs unterhaltsam) auf das GRANDE FINALE im Wasserpark hingearbeitet wird, fällt dies äußerst dürftig aus – beziehungsweise verkommt vollkommen zu einer Parodie des ersten Teils.

Irgendwie bekommt man beim Betrachten den Eindruck, dass die Macher kurz vor (oder während) dem Drehs gemerkt haben wie schwachsinnig die Idee mit dem Wasserpark war (und wie wenig sich daraus machen ließ – vielleicht ist aber auch das Geld knapp geworden) und das dann versucht mit möglichst viel Selbstironie zu kaschieren – was ein wirklich bescheuertes Resultat zur Folge hat.

Auch enttäuscht „Piranha 3DD" genau hier, was den Goregehalt angeht. Von einem Finale wie im Vorgänger ist hier höchstens zu träumen.

Viel mehr als ein paar abgenagte Dummys und ein paar an Arsche geklebte Bisswunden gibt's hier nicht. - Von einer leckeren und schön dreist-witzigen Enthauptung und einem Sperr ins Auge mal abgesehen.

Dafür gibt's aber immerhin davor die bereits angesprochene Vagina-Dentata-Szene und noch ein paar andere Sauereien, die den Film einen zumindest soliden Härtegrad sichern.

FAZIT:

In etwa genau das was man unter einer schlechten Fortsetzung versteht. Alles was im ersten Teil bestens funktioniert hat, wurde hier auf die Spitze getrieben und verkam so zur Selbstparodie.

Kein Totalausfall, aber doch über weite Strecken sehr enttäuschend. Da hat es David Hasselhoff sehr treffend beschrieben, als er im Zuge eines Promo-Videos durchs Drehbuch blätterte: „Shit...Shit...Shit...My Part...Shit...My Part..." **06/10 Punkte**

PROGNOSE: Der Film erscheint demnächst über Sunfilm. Eine ungeschnittene FSK:ab18-Freigabe dürfte kein Problem darstellen. (**AP**)

REC 3: GENESIS

Es wird geheiratet! Das junge und schwer verliebte Paar Clara und Nino feiern ihren ewigen Liebeschwur mit der kompletten (und sehr zahlreichen Sippe) in einem großen schlossähnlichen Anwesen.

Die Band sorgt für Stimmung und der Alkohol fließt in Strömen.

Da merkt auch kaum jemand, dass die Leute in den gelben Schutzanzügen, die plötzlich übers Grundstück geistern, wohl kaum zum Hauspersonal gehören und die herannahende Polizei sicher nicht wegen der Lärmbelästigung anrückt. Doch späteste als einer der Partygäste aus dem ersten Stock in Büffet plumpst und

die Ersthelfer sogleich anzuknabbern beginnt, merken auch die letzten Feierwütigen, dass hier Etwas deutlich aus dem Ruder läuft. Da ist es aber auch schon zu spät. Weitere Infizierte stürmen die Tanzfläche und ein gigantisches Blutbad nimmt seinen Lauf.

KRITIK:

Hier ist er, der inzwischen dritten Teil der kultig-blutigen spanischen Horror-Reihe um die satanisch angehauchten Zombies – und wer meint, es könnte mit „REC" nun langsam abwärts gehen, der wird hier eines Besseren belehrt.

ONE MAN SHOW

Nachdem das Regie-Duo Juame Balaguero und Paco Blaza mit den ersten beiden Teilen sehr gut gefahren sind, gibt es nun einige Veränderungen zu verzeichnen.

Die Erste ist, dass Balaguero bei diesem Teil nun nicht mehr an der Regie beteiligt war. Grund war, dass es ihn zu dem nicht minder gelungenen „Sleep Tight" gezogen hat.

Somit überließ er Paco Blaza das alleinige Sorgerecht über das gemeinsame Baby „REC", welcher seine väterlichen Pflichten allerdings vorbildlich erfüllt hat.

Tatsächlich hat sich bei „REC" nun unter seiner Alleinherrschaft eine kleine Evolution vollzogen.

Denn nach 17 Minuten, in denen die Kamera (wie gewohnt) in Found-Footage-Stl vor sich hin wackelt und die Hochzeit abfilmt, wird (erst!) nach der ersten Zombie-Attacke der Titel eingeblendet und...Überraschung!... Es gibt einen kompletten Stilwechsel! Kein Found-Footage mehr, kein Gewackel, keine vorgetäuschte Reality! Aus „REC 3: Genesis" wird ein vollwertiger Spielfilm in feinster europäischer Kinooptik (statische Kamera und Musikscore inklusive)!

EIN BISSCHEN WITZIG...

Und damit kommen wir gleich auch zum einzigen großen Makel von „Genesis": Zwar ist der Stilwechsel durchaus Konsequent, wenn man bedenkt, dass schon Teil 2 auf mehrere Kameras gesetzt wurde, doch anfangs ist das echt gewöhnungsbedürftig und wirkt sogar etwas unfreiwillig komisch, vergleichbar mit den Film-im-Fim-Gags aus „Scream".

Wooobeiiiii...Ob unfreiwillig, das sei mal dahin gestellt, da der Film auch grundsätzlich deutlich humorvoller und comichafter daherkommt, als seine bierernsten Vorgänger. Tatsächlich geht es hier des Öfteren in Richtung überstilisierter Fun-Splatter, wobei sogar Referenzen an „Evil Dead 2" und „Braindead" erkennbar sind.

Ob nur mal (so gefühlt) hundert Schläge gebraucht werden um einen Zombie niederzuknüppeln, als Ritter und Käseleib(!) kostümierte Helden in Erscheinung treten, oder die Braut mit der Kettensäge und eigenen Schlachtlied zum Zombiemeucheln antritt, „REC 3: Genesis" hat viele sehr spaßige Szenen zu bieten.

DER TERROR KOMMT NICHT ZU KURZ...

Dabei wird der Horrorpart aber nicht vernachlässigt, im Gegensatz zum überladenen 2. Teil konzentrierte man sich hier wieder weniger auf Dämonenhorror, denn mehr auf pure, Adrenalin geschwängerte Zombie-Action und davon bekommt man hier bis zum Ende die volle Palette geboten. Und das auch viel opulenter und aufwändiger! Bei Horden untoter Partygäste und einen knapp dreistelligen Bodycount, inklusive aller (handgemachter) Latex- und Blut-

Schweinerein, die das Mainstream-Kino zulässt, bleiben beim einge-fleischten Zombiefan kaum Wünsche offen.

PS: Im Film (der ein Prequel sein soll) soll es einen clever platzierten, direkten Bezug zu den Ereignissen im Wohn-haus aus Teil 1 und 2 geben, dieser ist mir aber leider (dank schwacher Spanisch-Kenntnisse) entgangen.

FAZIT: Da wird die Hoch-zeit zum Schlachtfest! Bluti-ger, Adrenalin geladener Zombiehorror voll schwarzen Humor.
Für den Fan der Reihe viel-leicht etwas gewöhnungsbe-dürftig, aber überaus se-henswert und hundert Mal besser als die Meisten ver-gleichbarern Genre-Outputs der vergangenen Jahre.
Da kann man wirklich auf den Back-to-Back gedrehten „Apocalypse" gespannt sein.
09 von 10 Punkte.

PROGNOSE: Obwohl es hier noch deutlich goriger als in seinen Vorgängern zugeht, dürfte angesichts des Humorgehalts und der Comichaftigkeit keine großen Probleme mit der FSK geben. **(AP)**

HELLRAISER:

REVELATIONS

Die heranwachsende Voll-deppen Steve und Nico wollen ihren zerrütteten Elternhäusern für ein Weilchen entkommen und unternehmen einen kleinen Trip nach Mexiko.

Dass so etwas in der Regel nicht gut gehen kann, ist klar.

So wird schon bald das Auto geschrotet, ne Nutte gekillt und letzten Endes auch ein gewisser Zauberwürfel nackisch im Kerzenschein ausprobiert – was dazu führt, dass die beiden Jungs schließlich spurlos von der Bildfläche verschwinden.

Natürlich machten sich die Familys sorgen und beauftragt einen Detektiv, der nicht nur ein sehr aufschlussreiches Video, sondern auch besagten Würfel findet.

Beim lustigen Beisammensein und gegenseitigen Informationsaustausch der Eltern im abgelegenen Häuschen in der Wüste, kommt schließlich auch Steves Schwester in Kontakt mit dem Würfel und kann´s nicht lassen ihn zu befummeln – das böse Mädchen.

Kurz darauf steht dann plötzlich ein total kaputter Steve vor der Tür, und schon bald ist die Kacke richtig am dampfen...

KRITIK:

Um mal etwas gleich klar zu stellen:
Der nunmehr 9. Hellraiser-Film ist nicht mehr als eine sogenanntes Abschreibungsprojekt.
Sprich: Das Ding wurde einzig und allein produziert, damit DIMEN-SION die Rechte an dem Clive Barker Stoff halten kann und somit die Möglichkeit behält ein Kino-Remake zu produzieren.
Daher existiert der hier besprochene Film auch einzig seiner Existenz willen, und um vielleicht auch etwas Kohle in die Kassen zu spülen.
Dass dafür ein großes Budget weder notwendig (gar eher störend) ist, liegt natürlich auf der Hand.
Und ja, das sieht man dem Film auch deutlich an.
Tatsächlich ist „Hellreiser: Revelations" der bisher billigste Film der Reihe.

BACK TO BARKER

Aber!... Auch wenn er alles andere als gut, oder unter den besseren Fortsetzungen anzusiedeln ist; es ist nicht der schlechteste Film der Reihe.
Das liegt vor allen an zwei Dingen:
ERSTENS: DTV-Fortsetzungen-Dauerdreher Victor Garcia („Mirrors 2", „Return to Haunted Hill") schafft es das Beste aus dem mickrigen Budget und einen schlaffen Script zu machen.
Die routinierte Inszenierung ist durchaus nicht frei von Atmosphäre, die Masken solide und die wenigen aber harten Gewalteinlagen wurden in bester Handarbeit erstellt.
ZWEITENS: Und genau das macht diesen Titel besonders interessant für die richtigen „Hellraiser"-Fans. „Revelations" ist tatsächlich der werkgetreuste „Hellraiser" seit den ersten beiden Teilen.
Auch wenn der Drehbuchautor im Großen und Ganzen ein Stümper ist (wirre Handlung, massenweise Plotholes, dümmliche Dialoge), muss man ihm zumindest lassen, dass er offenbar ein Fan des Originals ist, oder sich wenigstens damit auseinander gesetzt hat.

So besitzt dieser Film eigentlich alle Merkmale des richtigen „Hellraiser" (spätestens ab Teil 5, beschränkte sich das ja nur noch auf Pinhead und den Würfel).

- Es geht auch hier größtenteils darum dem matschigen Höllenflüchtling Opfer (zwecks Regeneration) zuzuführen.
- Der sexuelle Aspekt wird nicht vernachlässigt.
- Die Cenobiten wollen diesmal wieder „das Fleisch und die Schmerzen" erkunden.
- Und sogar der würfelhütende Penner aus Teil 1 und 3 ist wieder von der Partie.

Insofern kann man „Revelations" als echten „Hellraiser" bezeichnen (wenn man denn so will).

SHIT HAPPENS!

Diesen guten Aspekten stehen aber leider auch massenweise Schlechte entgegen:

Der Wichtigste ist wohl, das Fehlen von Stamm-Pinbhead-Darsteller Doug Bradley.

Ob er nun keinen Bock hatte, oder für die Produktion zu teuer war... Wäre er dabei, wäre „Hellraiser: Revelations" deutlich besser geworde.

Er war einfach DER(!) Pinhead, die Galionsfigur der Reihe, und das dank seiner erhabenen und lustvollen Art diese Figur zu spielen.

Dem dafür eingesetzten, babyspeckigen Stephan Smith Collins geht das leider vollkommen ab.

Der guckt die ganze Zeit einfach nur Böse, wie ein dicker ADS-Junge, den man sein Spielzeug weggenommen hat. Klingt doof, passender kann ich es aber leider nicht umschreiben.

Der Rest des Cast spielt zwar solide, und alle Ladys sehen ganz lecker aus, aber mitunter sind die Figuren so unsympathisch, dass es einem schlicht und ergreifend Egal ist, was mit ihnen passiert – was dann nochmal deutlich auf die Spannung schlägt.

Und die Drehbuchschwächen habe ich ja bereits erwähnt – es wirkt insgesamt alles irgendwie auf die Schnelle zusammengeschustert und nicht zu Ende überlegt.

Und dass das Finale dann am Ende zur hardcore Family-Gruppentherapie ausartet, ist dann auch einfach nur noch lächerlich.

FAZIT: Einerseits kann man sich freuen, dass die „Hell-raiser"-Reihe wieder ein ganzes Stück zu Clive Barkers Vorlage zurück gefunden hat.

Andererseits ist es dann auch umso ärgerlicher, dass gerade so ein wirres und sichtbar billiges Stück Film dabei raus gekommen ist.

Zumindest gibt's einen Schuss netten handmade Gore und die kurze Netto-Laufzeit von knapp über 70 Minuten lässt auch kaum Raum für (trotzdem vorhandene) Längen.

Und besser als der unterirdische 8. Teil „Hellworld" ist er allemal.

Insgesamt aber trotzdem nur für Hardcore-Hellraiser-Fans und anspruchslose DTV-Allesgucker einen Blick wert.

05 von 10 Punkte.

PROGNOSE: Die FSK sollte, trotz ein Paar Härten, keine großen Probleme mit einer 18er-Freigabe haben. Der Film erscheint im August über Sunfilm als DVD, BD und 3D Blu Ray (von welcher man allerdings unbedingt die Finger lassen sollte, da es sich nur um eine Billig-Konvertierung handelt). (**AP**)

NAZIS AT THE CENTER

OF THE EARTH

(Dt. Titel: Nazi Sky)

Josef Mengele ist einfach nicht totzukriegen! Denn kurz bevor die blöden Spielverderber von den Alliierten ihm zu nahe auf den Pelz rückten, schaffte es der Top-Mediziner des dritten Reichs, mit Hang zu eher extravaganten Operationen, sich mit einem Flugzeug aus dem Staub zu machen und in Südamerika sein Ableben vorzutäuschen.

Tatsächlich aber hat er sich, mit ein paar Restbeständen des deutschen Wehrmacht unters arktische Eis ...oder eben ins Zentrum der der Erde (welches erstaunlich nahe der Oberfläche liegt)... verzogen und erhält sich

und seine Mannen dadurch am Leben, dass er unfreiwillig gespendete Körperteile verirrter Touristen und Forscher zwecks Frischzellenkur transplantiert.

Nun ist es aber so, dass da noch ein gewisser Masterplan für ein tausendjähriges Reich existiert und aufgeschoben ja nicht gleich aufgehoben bedeutet.

Da bietet sich die kleine Gruppe fleißiger Wissenschaftler, die auf der Suche nach zwei verschleppten Kollegen, in die Fänge der unterirdischen Krauts geraten.

Diese sollen nun, vom jüdischen Mitglied mal abgesehen (dieses wird, auf Grund arischer Vorurteile, sofort mit der Todesstrahlpistole vaporisiert), nun nicht nur postoperative Gammel-Erscheinungen beim Personal aus der Welt schaffen, sondern auch noch den Kopf von Führer wiederbeleben, damit es mit der fliegenden Untertassen-Schlachtburg und jeder Menge mit fleischfressenden Bakterien bestückten Raketen ans erobern der Welt gehen kann.

Und wer nicht spurt, muss für Ersatzteile und Experimente herhalten, oder wird zum altdeutschen „Duschen" geschickt...

KRITIK:

WO ASYLUM DRAUF STEHT IST WAHNSINN DRIN...

Tja, Nazis sind wieder in Mode. Nicht nur im Osten Deutschlands, sondern auch im Fantasy-Genre.

Sei es die Gammel-Variante in „Dead Snow" und „Outpost", oder die frischgehaltenen Original-Relikte, wie zuletzt in „Iron Sky".

Das um gerade letzteren Film sich wehrend der vergangen Jahre, die die Produktion in Anspruch genommen hat, weltweit ein regelrechter Hype entwickelt hat, war auch unseren Friendos von der Trash-Schmiede „The Asylum" nicht entgangen, die es sich zum Ziel gemacht haben, an jedem (potenziell) erfolgreichen Film mitzuverdienen, indem sie zeitgleich ein eigenes (meist dreist geklautes) Billig-Konkurrenz-Produkt auf den (DVD/BD-)Markt schleudern – wobei Rotzen in der Regel, der eher passendere Begriff ist.

Glücklicher Weise aber stellt „Nazis at the Center of the Earth" entgegen dem Trend („Transmorphers", „Monster",„666 the Child", zuletzt „Abraham Lincoln vs Zombies) einen der besseren Asylum-Mockbuster dar – tatsächlich sogar vielleicht einen der besten Film, die das Studio jemals auf seine Zuschauer losgelassen hat!

FUCK IT – HAVE FUN!

Das dürfte vor allen am Spielfilm-Debütant und hauptberuflichen FX-Mann (u. a. bei „Herr der Ringe", „Titanic 2") Joseph J. Lawson liegen, der im TV schon bei der Serie „Dan Dare: Pilot oft he Future" immerhin ein paar Regie Erfahrungen gesammelt hatte und so den Dreh von „Nazi Sky" sauber und locker durchziehen konnte.

Jedenfalls merkt man dem Film eine grundsätzlich lockere Stimmung praktisch zu jeder Minute an. Das dürfte vor allen daran liegen, dass jedem Beteiligten bewusst war (wie denn auch nicht?) an was für einem Blödfug sie da gearbeitet haben.

Und das ist auch gut so, denn schlechte Darsteller (und davon gibt's hier einige) sind grundsätzlich besser, wenn sie nicht krampfhaft versuchen zu schauspielern.

Und auch die (zumindest zweit- und dritklassigen) Hollywood-Söldner wie Dominique Swain („Face/Off", „Lolita") Jake Busey („Starship Troopers", „Staatsfeind Nr.1") und Asylum-Dauer-Schnuckelchen „Lilian Bowden" („666-The Child", „Zombie Apocalypse") sind einfach besser, wenn sie mit Spaß bei der Sache sind.

Außerdem überträgt sich die locker gute Laune der Darsteller auch auf die Zuschauer, was letzten Endes die Grundvoraussetzung für jedes Trash-Vergnügens ist.

Dazu kommen dann auch herrlich behämmerte Ideen wie die Untertassen-Schlachtburg, oder (der Burner!) der Hitler-Boot, der wie ein mit Waffen aufgerüsteter, alter Warmwassererhitzer mit Kopf drauf aussieht. Spaß und Bierlaune ist Garantiert!

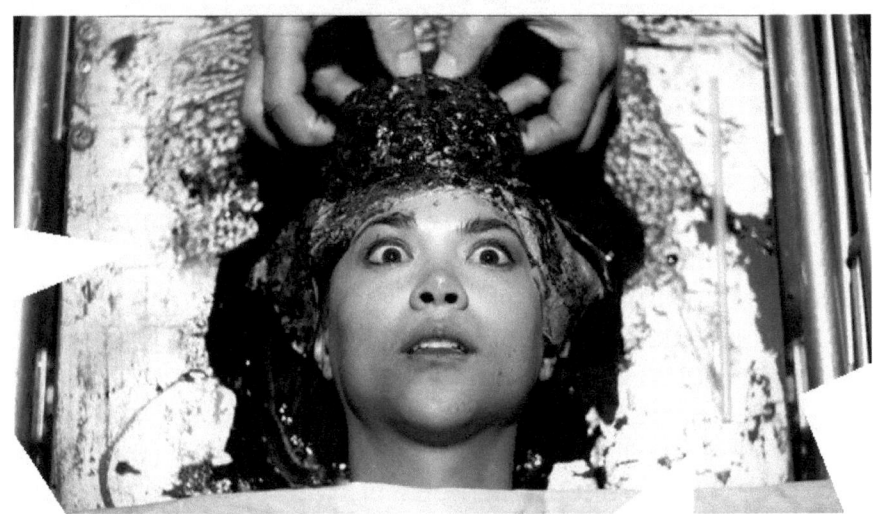

NAZIS SIND BÖSE UND FIES!

Und wenn das nicht Genug wäre, bekommt man hier auch noch här-tetechnisch so manche Überraschungen geboten.

Denn, besonders im Mittelteil rückt der Film, in der Tradition guter alter Nazi-Explotationer, überraschend weit in Torture-Gefilde for. So werde mal fröhlich eine fiese Abtreibung, eine narkosefreie Häu-tung und eine Gehirn-Amputation vollzogen. Wobei auch mal verein-zelt Handmade-Effekte zum Einsatz kommen. Das Ganze ist zwar nun auch nicht der Gipfel der Härte, kommt aber zumindest dem dritten „Hostel"-Teil erstaunlich nahe.

Und wenn das auch noch nicht genug wäre, dann bietet „Nazis at the Center of the Earth", etwas was man von den meisten Asylum-Produktionen nun überhaupt nicht erwartet.

Er ist zuweilen richtig spannend (und immer schwer unterhaltsam)!

FAZIT: „Nazis at the Center of the Earth" ist eine wirklich gelungene Trash-Granate, die zuweilen erstaunlich fies und spannend daher kommt – Tatsächlich sogar besser als sein traniges Vorbild „Iron Sky".

7 von 10 Punkte. (für Asylum-Verhältnisse sogar 10 von 10)

PS: Unbedingt im O-Ton genießen! Das schlechte Deutsch der Nazis sorgt zusätzlich für so manchen Brüller!

PROGNOSE: Pünktlich zum Redaktionsschluss wurde bekannt gegeben, dass der Film (zurecht) ungeschnitten eine FSK:ab18-Freigabe erhalten hat. Einzig das Cover wurde um ein Hakenkreuz zensiert. Der Film liegt ab dem 12. Juli im Verleih. (**AP**)

THE BUNNY GAME

Das Leben als Hure ist schon echt nicht einfach.

Ständig heißt es zu Discount-preisen Schwänze zu lutschen, sich den Arsch versohlen las-sen, dass Döschen hinhalten und auch noch aufzupassen, dass man nicht aufs Kreuz ge-legt wird, so dass das teuer ervögelte Drogengeld nicht auch noch vom frechen Freiern stibitzt wird.

Einzig Kocks und Wein helfen da durch den Tag, sind letztlich aber auch nur ein Teil des Teu-felskreises.

Und wenn das schon nicht ge-nug für die arme Bumsnudel Bunny wäre, erweist sich auch noch der zunächst freundliche Truck-Fahrer (und potentieller neuer Freier) als wahres Raubtier und ver-schleppt die junge Frau für neckische Folterspiele auf einen Schrott-platz, von dem es kein Entkommen zu geben scheint...

KRITIK: OK, jetzt aber mal allen Spaß bei Seite. Denn, wenn es etwas gibt, das man mit dem aktuellen (diesmal im wörtlichen Sinne)Torture-Porne „The Bunny Game" wirklich nicht in Verbindung bringen kann, dann ist das irgend eine Form von Humor.

Wenn man schon zu Anfang explizite Hardcore-Aufnahmen in Form eines exzessiven Blowjobs vor die Fresse gedonnert bekommt, ist das zumindest ansatzweise ein Hinweis (oder Warnschuss) darauf, was den möglicherweise unvorbereiteten Zuschauer in den kommenden 70 Minuten erwartet – harter Stoff von der übelsten Sorte. Denn mehr Geschichte (oder gar eine Handlung) als die Inhaltsangabe oben beschreibt, bietet dieses durch und durch dreckige Filmchen nicht. Statt dessen konzentriert sich Regisseur, Autor und Produzent Adam Rehmeier darauf,

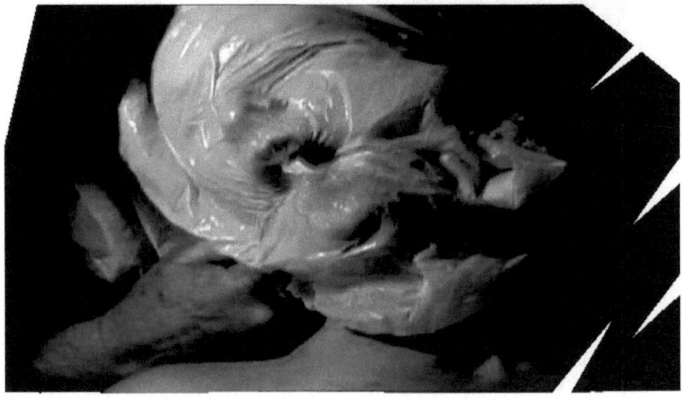

dem Zuschauer mit akustischen und visuellen Reizen zu bombardieren, was stilistisch öfters stark an Stones „Natural Born Killers" erinnert, nur dass dieser sehr experimentel wirkende Film komplett in Schwarzweiß daher kommt – und am Ende irgendwie das Gefühl hinterlässt, man könnte den Streifen irgendwann, (leicht gekürzt) bei ARTE bestaunen.

NICHT WIRKLICK SKANDALÖS

Nein, das ist durchaus ernst gemeint und gar nicht mal sooo abwegig. Denn so zwanghaft versucht wird aus „The Bunny Game" einen Skandalfilm zu machen, so erschreckend belanglos ist der Film dann für den, von weitaus krasseren Mainstream verwöhnten Horrorfan dann auch – fast langweilig könnte man schon sagen.

Dass die Gewalt im Film echt sein soll, glaubt man gerne, bekommt man in durchschnittlichen SM-Dokus im Spätprogramm von RTL2 auch nicht unbedingt Harmloseres geboten. In Sachen Gewalt ist ein Branding hier eigentlich schon das Höchste der Gefühle – Gore (oder überhaupt einen Mord) für die Spladderkiddis gibt's hier jedenfalls keinen.

Vielmehr wird hier auf blanken Psychoterror gesetzt, der auf den ersten Blick durchaus schockierend und verstörend daher kommt (nicht das hier der Eindruck entsteht, der Film könnte auch von zarten Gemütern konsumiert werden), schnell aber auch an Wirkung verliert.

Das liegt zum Einem daran, dass Prostituiert Bunny (durchaus überzeugend gespielt von Rodleen Getsic, die hier ihr eigenes Entführungstrauma verarbeiten wollte) von vorne herein als so kaputt dargestellt wird, dass es dem normalen Zuschauer unmöglich ist einen Bezug zu ihr zu entwickeln und (so zynisch das auch klingen mag) die weiteren Misshandlungen den Bock bei ihr auch nicht mehr fett machen. Man mag zwar Mitleid empfinden, Spannung kommt aber zu keinem Augenblick auf. Denn wie schon Gesagt, der Film besitzt ab dem Einstand im Truck keinerlei Handlung mehr.

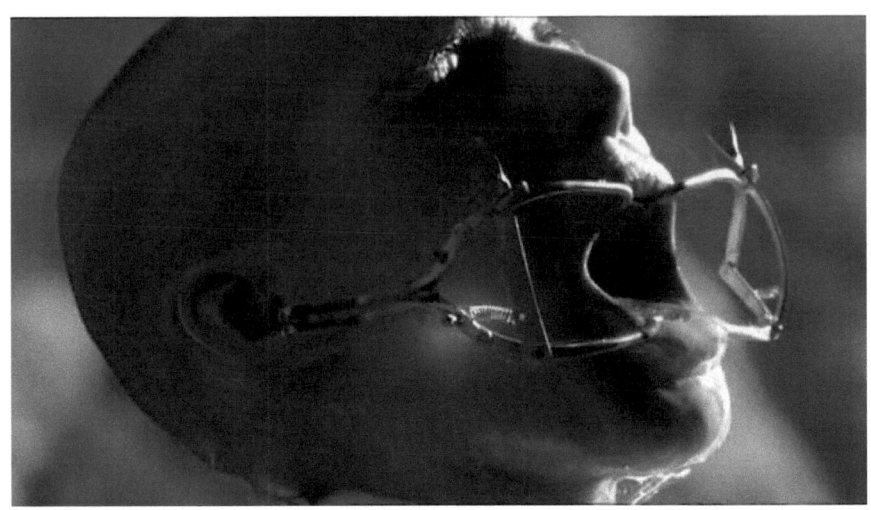

JEMAND RETTET DEN TAG

Dass der Film dann doch noch etwas mehr ist, als eine Wichsvorlage für Hardcore-Masochisten, ist vor allen Dingen Jeff Renfro als sadistischer Vollpsycho zu verdanken. Davon abgesehen, dass man dem Mann ohnehin nicht gern allein im Dunkeln begegnen möchte, spielt er seinen Part so intensiv, dass man den Wahnsinn seines Charakters regelecht spüren kann, was den Zuschauer im Zusammenspiel mit den kunstvoll wirren Bildern zumindest mit einer gewissen Faszination bei der Stange hält und die knapp 70 Minuten Nettospielzeit überstehen lässt.

FAZIT: Eher ein filmisches Experiment aus Psychoterror, wilden Bildern und SM-Spielchen, als ein richtiger Spielfilm – leider sehr Spannungsfrei und auch ohne großen Unterhaltungswert.
Einzig die guten Darsteller und die ansprechend intensive Inszenierung retten den Film vor einer totalen Negativwertung.
04 von 10 Punkte.

Prognose: Der Film erscheint ungeschnitten, von Illusions UNLTD über Österreich. **(AP)**

HUMAN CENTIPEDE 2
FULL SEQUENCE

Armer Martin! Als Kind missbraucht, von der Mutter so verhasst, dass sein Kopfkissen schon mal versehentlich Bekanntschaft mit einem Küchenmesser macht, muss er sein Tagewerk als Wachmann in einer tristen Tiefgarage verrichten. Aber Martin hat einen Traum! Das kleine glupschäugige Dickerchen, liebt Tom Six „The Human Centipede" so sehr, dass er sich vor lauter Begeisterung auch schon mal in die Hosen kackt, oder mit Zuhilfenahme von Stacheldraht einen von der Palme wedelt. Nun hat er sich in den Kopf gesetzt, das Werk des genialen Dr. Heiter in die Realität umzusetzen.

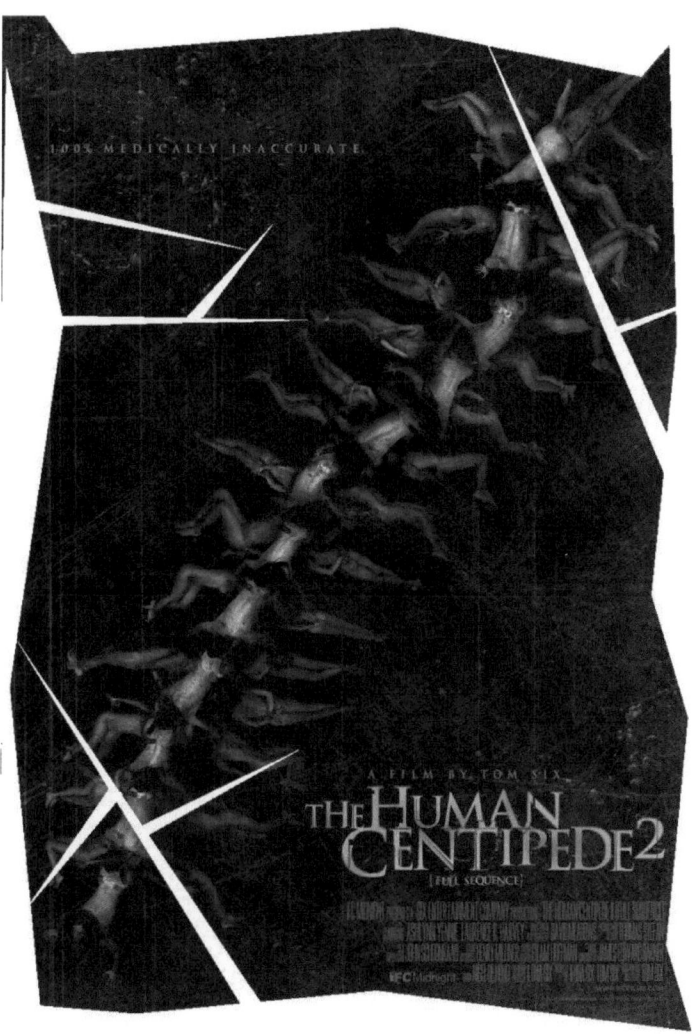

Und so gilt es nun im Parkhaus die dafür notwendigen menschlichen Komponenten einzufangen. Und da Chloroform teuer und schwer zu bekommen ist, müssen Pistole und Knüppel aushelfen.

Richtig knifflig wird's aber erst beim Zusammensetzen, wo der gute alte Werkzeugkasten dann auch mal den fachmännisch eingerichteten OP ersetzen muss!

KRITIK:

Zum ersten Teil brauche ich hier wohl nicht mehr viel zu sagen.
Um Tom Six Film über den menschlichen Hundertfüssler, entwickelte sich, schon allein wegen der irren Idee, schnell weltweit ein so großer Hype, dass selbst die Macher von Southpark sich in der Folge „THE HUMAN CANTiPAD" des Themas annahmen und zum Rundumschlag gegen Apple ausholten.
Der eigentliche Film war dann letzten Endes ein eher durchschnittlicher Mad-Scientist-Horror, der zumindest mit einem genial aufgelegten Dieter Laser als Dr. Heiter punktete.
Der Kultstatus wird ihm aber wohl trotzdem erhalten bleiben.
Nicht zuletzt auch wegen dieser Fortsetzung, die nun die meisten Schwächen des Vorgängers ausräumt und durch eine jetzt schon bewegte Zensurgeschichte den Hype um die (baldige) Trilogie festigt.

EIN GESICHT, DAS NUR EINE MUTTER LIEBEN KANN

Zunächst aber will ich gleich damit anfangen, was „Full Sequence" Gutes von seinem Vorgänger übernommen hat – einen genial gespielten Bösewicht (respevtive: Antihelden)!
In diesem Fall ist es Laurence R. Harvey als Martin.
Der kleine Mann, mit einem Gesicht, dass nur eine Mutter lieben kann, liefert hier (ohne auch nur ein Wort zu sagen) schauspielerische und mimische Meisterleistungen ab.
Sein Martin ist wohl nicht nur einer der Schrägsten Horrorhelden, die neuerdings die große Filmbühne betreten durften, er schafft es auch den Zuschauer, trotz all unbeschreiblicher Grausamkeiten, von Anfang an auf seine Seite zu ziehen.
Es macht einfach Spaß diesem kindlichen Gemüt, unter dessen Oberfläche man das blanke Unheil brodeln sehen kann, dabei zuzuschau-

en, wie er sich ein Opfer nach dem Anderen grapscht, wie es mit seinem heißgeliebten Hundertfüssler spielt, oder sich gegen die Tyrannei seiner Mutter, des fiesen Nachbarn und des suspekten Psychodoktors auf rabiateste Weise zur Wehr setzt
Er ist der (Anti-)Held dieses Films!
... Auch weil man hier ohnehin keine andere Identifikationsfigur zur Auswahl bekommt, alle anderen im Film gezeigten Personen sind nur Randfiguren ohne jede (positive) Charakterisierung, die einzig als Opfer herzuhalten haben.
...was allerdings stark zu Lasten der Spannung geht.

DER WITZ IST...

Und hier hätten wir dann den großen Kritikpunkt von „Human Centipede 2":
Da man bei einem Irren (mag er noch zu putzig sein), der weder vor Schwangeren, noch Vergewaltigung halt macht, nur begrenzt mitfiebern kann und man gar nicht die Möglichkeit bekommt eine Bindung zu den Opfern aufzubauen, bleibt der Spannungspegel den ganzen Film über sehr niedrig.
Das, und die Tatsache, dass Full Sequence eher mit langsamen Tempo daher kommt, schadet dem Film aber erstaunlich wenig.
Das Tempo ist zwar langsam, doch es geht die ganze Zeit voran und Langweile kommt, dank schräger Ideen und gewalttätiger Einschübe den ganzen Film über nicht auch und man wird sehr gut unterhalte.
Alleridngs sollte man sich hier auch im Klaren darüber sein, dass „Human Cenitpede" (obwohl er natürlich diesen Genres voll zuzurechnen ist) weniger ein Terror- oder Horrorfilm, denn mehr eine bitterböse und tiefschwarze Komödie ist

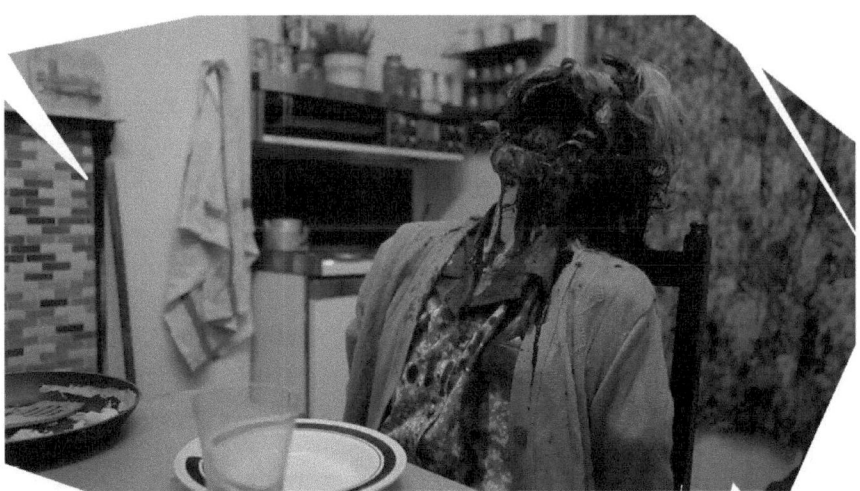

Denn obwohl es hier zuweilen (und besonders im Finale) beinhart und richtig Derbe zur Sache geht, wird das Ganze so überzogen und surreal präsentiert, dass man das Ganze nicht groß Ernst nehmen kann.

EINE DUNKLE WELT

Und wo gerade von Surreal die Rede ist. Obwohl „Human Centipede 2" nun auf eine Meta-Ebene erhoben wurde, auf der sein Vorgänger ein Film ist, kommt der (komplett in Schwarz/Weis gedrehte) Streifen viel unwirklicher und alptraumhafter daher. Zuweilen erinnert er stilistisch und atmosphärisch an kafkaeske Werke wie etwa Lynchs „Eraserhead" – ein sehr gutes Beispiel dafür sind die Szenen mit Martin und seiner Mutter, oder mit dem Psychiater.
Somit kann man Tom Six einen gewissen cineastischen Anspruch nicht absprechen, und kann ihn für die sehr gelungene Atmosphäre nur loben.

100% MEDICALLY INACCURATE!

Und auch die Gewalt- und Gore-Fraktion darf hier voll auf ihre Kosten kommen.
Lief im ersten Teil noch alles unter dem Moto „100% Medically Accurate" (gar ein echter Chirurg soll beratend zur Seite gestanden hat), ist Martin nun mal kein Dr. Heiter, weshalb spätestens(!) bei der Operation im Hause-FSK alle Lichter ausgehen dürften.
Hier wird „100% Medically Inaccurate" mit Hammer, Teppichmesser und Tacker zu Werke gegangen und die Kamera hält auch voll drauf, wenn etwa Arschbacken aufgeschlitzt, Zähne rausgekloppt, oder ein Neugeborenes zertreten wird.
Übrigens ist der Film dann doch nicht ganz in Schwarzweis gehalten, denn wenn dann schließlich das Verdauungssystem des „Centipde", durch Zuführung von Abführmittel, getestet wird und die Scheiße aus allen freien Ritzen spritzt, kommen hier mal ein paar Brauntöne zum Einsatz! Es wird sozusagen in Farbe gesplattert!

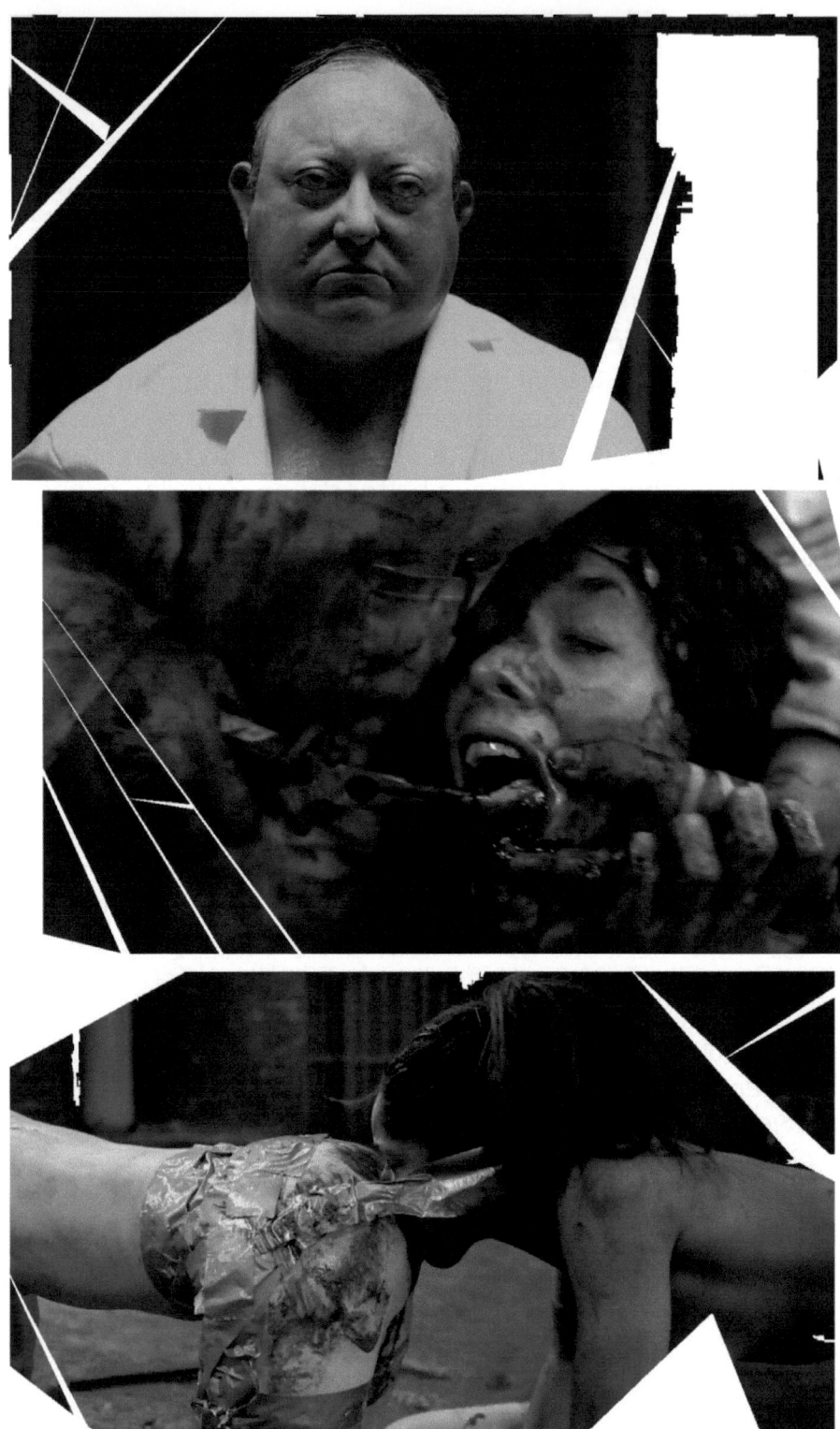

FAZIT: Surreal, düster, krank, blutrünstig und dabei so total überzogen, dass man es nur mit Humor nehmen kann.
Dank der ansprechenden Inszenierung und einem genialen Hauptdarstellers eine sehr sehenswerte, bitterböse, schwarze Komödie, getarnt als Terrorfilm.
Man darf, angesichts der enormen Steigerung sehr gespannt auf Teil 3 sein.
9 von 10 Punkte.

PROGNOSE: Eine deutsch VÖ wird sicher bald kommen, dass diese aber unzensiert erscheint kann man eher ausschließen.
Schon der harmlose erste Teil musste für die FSK-Freigabe geschnitten werden und bei „Full Sequence", kann man, angesichts der rabiaten Gewalttätigkeiten selbst eine SPIO/JK-Freigabe für die Uncut-Fassung bezweifeln (ganz davon zu schweigen, dass der Weg zu JK eh nicht mehr so oft gegangen wird). **(AP)**

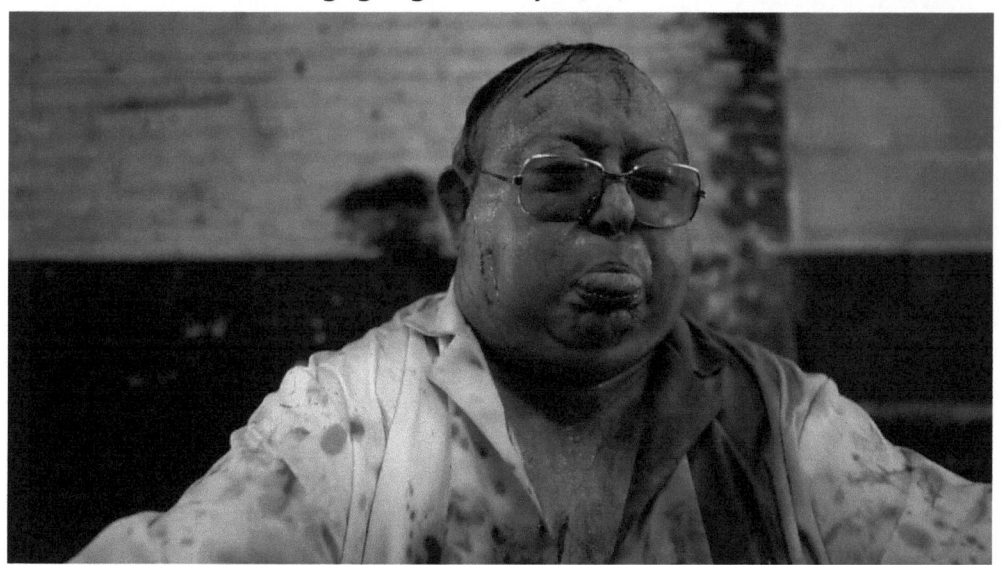

OUTPOST: BLACK SUN

Scheinbar unsterbliche Nazis machen sich in Osteuropa breit, löschen alles Leben aus und schlagen die UN-Truppen zurück.

Auf der Suche nach einem Kriegsverbrecher machten sich eine Nazi-Jägerin und ein Wissenschaftler auf die gefährliche Reise in die Todeszone.

KRITIK UND FAZIT:

Das war leider ein Satz mit X. Obwohl der Film besonders in der ersten Hälfte eine wirklich tolle und sehr bedrohliche Atmosphäre aufbaut, gerät er in der Zweiten zu einem unglaublich zähen, teils sehr langatmigen Aufguss des viel besseren Vorgängers.

Dazu kommen unsympathische Figuren, viel Unlogik, ein überladenes Finale und leider viel zu wenig Gore.

05 von 10 Punkte

PROJECT X

Macht sich Außenseiter Thomas anfangs noch sorgen, dass niemand zu der öffentlich ausgerufe- nen Party kommt, muss er bald mitansehen wie tausende Feierwütige und ein mit Flammenwerfer bewaffneter Drogendealer die Gesamte Nachbarschafft in Schutt und Asche legen...

KRITIK & FAZIT: Der (!) filmgewordene Alptraum aller Eltern als aufwändige und mega spaßige

Found-Footage-Komödie, bei der (ob und auch genau wegen des pubertären Humors) kein Auge trocken bleibt. Perfekt zum Einstimmen ins Partywochenende. **10 von 10 Punke**

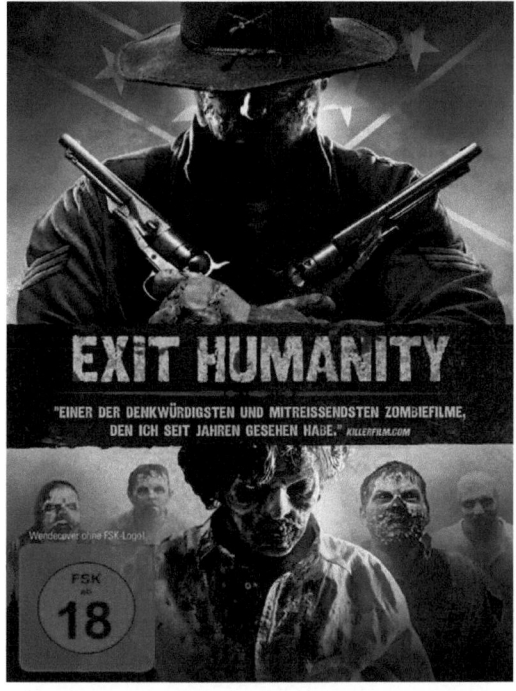

EXIT HUMANIT

Der Bürgerkrieg ist vorbei, doch das Sterben geht weiter.
Eine unbekannte Seuche lässt die Toten wieder auferstehen und die Lebenden fressen.
Der ehemalige Soldat Edward hat bereits seine Frau an die untoten Bestien verloren und streift auf der hoffnungslosen Suche nach seinem Sohn durchs Land, wehrt eine Zombie-Attacke nach der Anderen ab und muss gegen die zunehmende Verzweiflung ankämpfen.
Und dann ist da auch noch ein verrückter General und seine Mannen, die sich für ihm und anderen Überlebende, schnell als weitaus größere Bedrohung herausstellen...

KRITIK UND FAZIT:
Gelungener Zombiehorror/Spät-Western-Mix. Zwar gibt es auch anfangs hier ein paar Längen, doch werden diese durch die stetig steigende Spannung, ein schönes Zombie Szenario, eine gute Geschichte und ansehnliches Untoten-Make-Up schnell relativiert.

Etwas gewöhnungsbedürftig sind die eingestreuten Zeichentrickanimationen, die sich aber schnell und stimmig in das gute Gesamtbild fügen.

Dafür dass der Film unzensiert gar ein FSK:ab16 bekommen hat geht es reichlich hart und gewalttätig zur Sache.

Ein guter, durchaus sehenswärter Beitrag zum reichlich durchwachsenen Zombie-Horror-Genre.

8 von 10 Punkte

THE **INCIDENT**
aka
ASYLUM BLACKOUT

Georg und seine drei Friendos werkeln tüchtig an ihrer Karriere als Rockstars. Da aber vor dem ersten großen Hit auch irgendwie das gute alte Geld verdient werden muss, arbeiten sie auch alle als Köche in der örtlichen Klappsmühle.

Eigentlich ein lockerer Job. Doch eines Nachts kommt es schließlich wehrend eines Sturms zu einem totalen Stromausfall, den die Patienten dazu nutzen die kläglich unterbesetzten Wärter zu übertölpeln und die Kontrolle über die Anstalt zu übernehmen.

Lediglich mit Küchenmessern ausgestattet beginnt für die vier Freunde ein Kampf ums blanke Überleben.

KRITIK UND FAZIT: Absoluter Geheimtipp! Dieses kleine Terrorfilmchen stellt das Spielfilmdebüt des Videoclip-Regisseurs Alexandre Courtes dar, und der liefert uns für vergleichsweise kleines Geld einen durch und durch atmosphärisch-düsteren und zum Ende hin bretterharten Terrorfilm, der nach einen behäbigen Start unbarmherzig an der Spannungsschraube dreht.

Dazu tragen auch die gut gespielten und sympathischen Figuren bei, welche hier mal weder nervige Teens, oder kernige Helden, sondern absolute Durchschnittstypen sind. Klare Glotzempfehlung!

PROGNOSE: Ob die kommende deutsche VÖ gänzlich unzensiert kommt, kann nicht klar gesagt werden. Obwohl es nur wenige On-Screen-Morde gibt und auch diese nicht besonders selbstzweckhaft daherkommen, sollte man deren Härte in Anbetracht einer FSK-Prüfung nicht unterschätzen.

9/10 Punkte

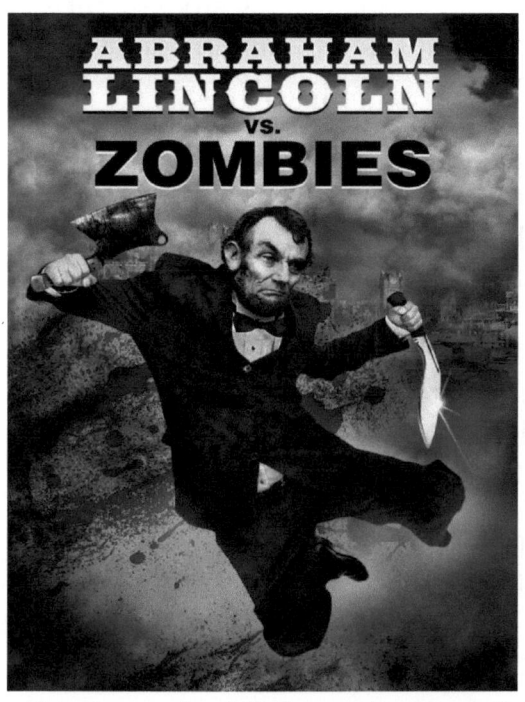

ABRAHAM LINCOLN
VS ZOMBIES

Aus der Sparte "History for Dummys"...

Da liegt der amerikanische Bürgerkrieg in den letzten Zügen, mit den Südstaatlern auf der Verliererseite und jetzt Das(!): Eine fiese Seuche macht sich unter der Landbevölkerung breit und verwandelt die infizierten in kannibalistisch veranlagte Gammelköpfe.

Das kann der bärtig gestandene Präsident Lincoln natürlich nicht zulassen und begibt sich persönlich mit 12 seiner Mannen und der Sense, mit der er schon seiner armen untoten Mutti zu Kindeszeiten den Kopf von der Schulter gekloppt hat, ins Seuchengebiet, um dem unpatriotischen Treiben der Seuchenvögel mit öden Reden und blanker Gewalt ein Ende zu machen.

KRITIK: Und nachdem wir uns zuvor schon mit dem überaus se- henswerten „Nazis at the Center oft he Earth" befasst haben, kom- men wir jetzt zu The Asylums zweiten und weitaus grenzwertigeren Mockbuster-Beitrag der Saison.

Diesmal ist es „Abraham Lincoln: Vampire Hunter", der als Inspirati- on für diesen günstigen Zombie-Schmodder herhalten durfte, und das funktioniert anfangs sogar ganz gut (Anfangs wohlgemerkt!).

Es geht schnell zur Sache und die Zombies sehen sogar ganz an- nehmbar aus.

Gesplattert wird zwar wieder mit eher bescheidenen CGI, doch damit hat man als treuer Asylum-Gucker eh gerechnet.

Außerdem ist Bill Oberst Jr. („A Haunting in Salem), als stocksteifer Abe Lincoln der Brüller, und besonders der erste Kampf in Zeitlupe ist ein Highligt an unfreiwilliger Komik.

Summa Summarum könnte man also davon ausgehen, dass dem geneigten Zuschauer hier ein spaßiges Trash-Vergnügen erwartet.

Denkste! Denn ab der zweiten Hälft ist die Luft auch schon wieder raus aus dem (sich viel zu ernst nehmenden) Film, und es gibt zwar viel Zombie-Survival-Fighting; das läuft aber so eintönig und einfalls- los noch Schema-F ab, dass einem selbst das Wachbleiben immer schwerer fällt.

Dazu kommen dann noch die grottig gespielten und unnötig ge- streckte Unterhaltungen und Monologe (seitens Abe – war ja für sei- ne Reden bekannt, der Mann), die denn Sandmännchen-Effekt noch um ein vielfaches verstärken.

Auf die anderen Asylum-typischen Dilettantierrereien, wie Anschluss- fehler, Plotholes, oder das man mal im Hintergrund ein Auto hupen hören kann, will ich dann auch gar nicht mehr eingehen und sage gleich, dass selbst Zombie-Allesgucker und Asylum-Fans sich diesen Film ruhig sparen können.

FAZIT: Asylum-Trash, der leider schnell keinen Spaß mehr macht und außer monotonem und Billig-CGI-lastigen Zombie-Gemeuchel überhaupt rein gar NIX zu bieten hat.

04 von 10 Punkte.

CUT-PROGNOSE: Obwohl der Film nicht sonderlich Hart ist und alles Gemeuchel deutlich als CGI zu erkennen ist, kann es gut sein, das Great Movies – die die meisten Asylum Produktionen in Deutschland veröffentlichen, den Film schon vor der FSK-Prüfung schneiden, wie zuletzt auch mit „Zombie Apocalypse" geschehen.

ACT
OF
VALOR

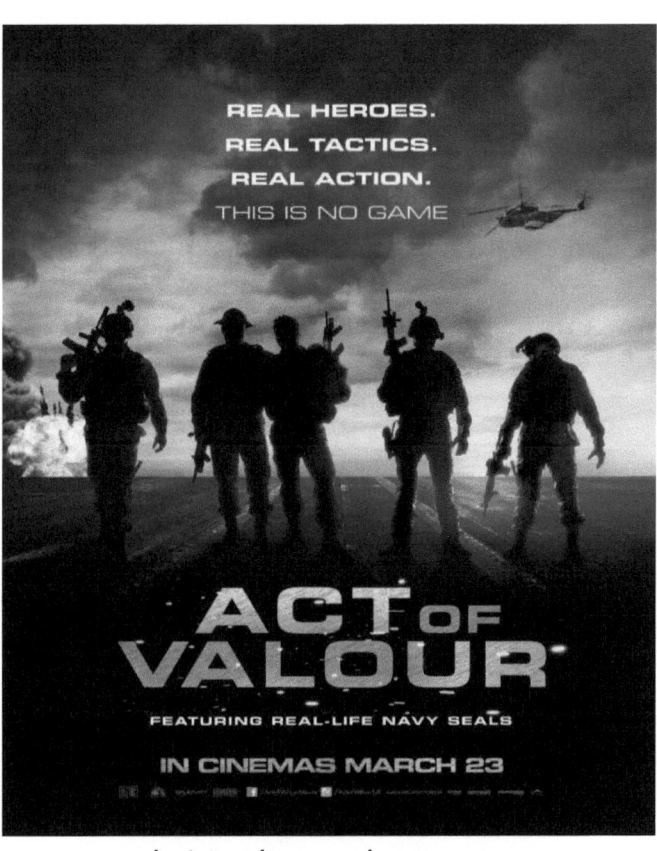

Sie sind die härteste Truppe die die Navy zu bieten hat, die SEALS.
Männer aus Stahl, hochgezüchtete Killermaschinen im Dienste der Freiheit, der Menschheit und besonders der USA.
Jeder Einzelne von Ihnen, so stark wie Chuck Nurris mal Hundert. So unzerstörbar, dass sie selbst Panzerfäuste mit blanker Brust stoppen können!
Und treusorgende Väter und Ehemänner sind sie auch noch!
Ihnen gegenüber steh der fiese Abu Shabal.
Der hat sich den Dshihad auf den Arsch tätowiert, hasst Amerika, Israel und jeden Nicht-Moslem, verheizt schon mal gern ganze Grundschulklassen mit Eistruck-Bomben und schickt gern seine Bitches mit Sprengstoffwesten unter die Leute.
Nun will er mit Hilfe neuartiger, für Detektoren unsichtbarer

Bombenwesten ein zweites 11. September-Event veranstalten, was die SEALS aber nicht unbedingt zulassen möchten.

Doch zuerst müssen die Elite-Kämpfer die süße Geheimdienst-Schnecke Lisa Morales (gespielt vom lecker Latino-Schnuckelchen Roselyn Sanchez) aus den Fängen von Abu´s Buddy und Drogenbaron Christo befreien...

KRITIK UND FAZIT:

Es dürfte ja nun inzwischen meisten Filmfans zumindest aus der Presse bekannt sein, dass „Act of Valor" ein vom US-Militär produzierter Werbefilm ist, der mit echten Navy SEALS in den Hauptrollen besetzt wurde – was allgemein auf viel Kritik gestoßen ist. Ich sage dazu: Scheiß drauf.

Denn mal davon abgesehen, dass die besetzten SEALS eher bescheidene (aber passable) Schauspielerische Leistungen abliefern, ist der hier vorliegende Film, ein handwerklich- und technisch perfekt inszenierter, schön reaktionärer und harter Militär-Actioner, der sich keinesfalls hinter Genre-Klassikern wie „Delta Force", oder dem sehr ähnlichen „Navy Seals" zu verstecken braucht.

Ok, es gibt zwar die eine oder andere Szene, die zu dick aufgetragen ist, wie etwa die wo einer der Soldaten, die „US-Flagge seines Vaters" stolz vorzeigt und immer dabei hat, doch allgemein hält man sich doch mit platten Patriotismus glücklicherweise weitestgehend zurück und konzentriert sich darauf, „Call of Duty"-mässig coole Technik und fetzige Action zu präsentieren, die simple Story und angenehm geradlinige Handlung (soll ja die Trailerpark-Zielgruppe nicht überfordern) dienen da einzig als Träger für – sorgen dann aber doch für das nötige Mindestmaß an Spannung.

Das Einzige was man dem Film wirklich vorwerfen kann, ist, dass er wirklich etwas altbacken daher kommt. Bis hin zum schmalzigen Schmachter-Song im Abspann, bekommt man ständige das Gefühl, einen Film aus der Reagan-Ära zu gucken – Aber auch das hat ja einen gewissen Charme, und der Film ist immer noch deutlich besser als das zeitgleich losgelassene Propaganda-Hirnwäsche-Debakel „Battleship". Also in diesem Sinne: Yvan het Nioj!

07 von 10 Punkte

CHROMESKULL:
LAID TO REST 2

Der Killer mit der Vorliebe für scharfe Klingen, Schulterkameras und Chrome-Maskierung ist nicht tot zu kriegen. Nachdem ihm sein angebetetes Finalgirl ausgetrickst und die Fresslucke mit Säure weggeätzt hat, braucht es erst mal die Hilfe seiner kleinen Geheimorganisation um ihn überhaupt wieder straßentauglich zu machen. Und wenn das nicht schon genug wäre, hat das fiese Helferlein Preston keine Lust mehr hinter Chromeskull hinterher zu räumen und entwickelt eigene Ambitionen ins Slasher-Killer-Gewerbe einzusteigen. Es droht ein Machtkampf, der sicher nicht auf diplomatischen Wege gelöst werden kann.

Und, ach ja, ein paar Normalo-Opfer gibt's ja auch noch, die zwischen die Fronten (oder die Klingen) geraten.

KRITIK UND FAZIT: Wie schon im ersten Teil legt Regisseur und hauptberuflicher Effekt-Meister Robert Hall größten Wert auf möglichst viele beinharte und aufwändig von Hand getrickste Mord- und Todesszene (welche hier auch noch drastischer und zahlreicher ausfallen).

Da wird dann auch leider wieder der Spannungsaufbau des Öfteren etwas vernachlässigt, was Raum für ein paar Längen lässt. Diese sind aber auch verschmerzbar, weil sie sich in Grenzen halten.

Insgesamt ist dieser Teil auch deutlich besser und unterhaltsamer als der Erste, - was vor allen Dingen auch an Brain Austin Green als Preston liegt, der herrlich böse sein Coming Out als Psycho zelebriert.
Und für Horrornerds gibt es ja auch noch Schnuckelchen Danielle Harris („Halloween IV-V), als sexy kühle Verwalterin des Bösen.

Deutsche VÖ: War schon Teil 1 für eine KJ-Freigabe an den grafischsten Stellen geschnitten, blieb von Teil 2 für die gleiche FSK-Freigabe nicht mehr als ein kastrierter Torso. Abhilfe schafft demnächst sicher Österreich.
7/10 Punkte

WORLD OF THE DEAD

THE ZOMBIE DAIRIES 2

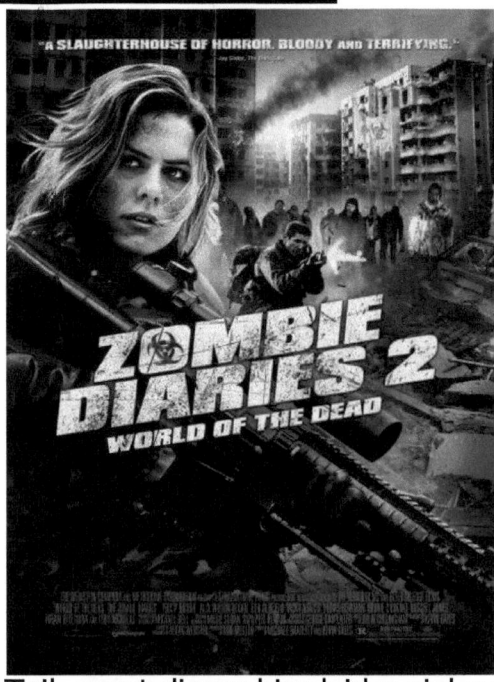

Ein Virus greift um sich und verwandelt unbescholtene Briten in blutdurstige Gammel-Zombies.
Nachdem ihr Stützpunkt (von außen und innen) überrannt wurde, muss sich eine Einheit des Militärs nun durch das von Untoten bevölkerte Land schlagen. Dabei bekommen sie es aber nicht nur mit jeder Menge Stinkern zu tun, sondern auch mit psychopatischen Vorstadt-Gangstern.

KRITIK UND FAZIT:

Obwohl aufwändiger als der erste Teil, nervt dieser hier leider viel zu oft mit den unlogisch und dumm agierenden Figuren, was dafür sorgt, dass die Spannung stark auf der Strecke bleibt.

Dem gegenüber steht ein solide gespieltes und inszeniertes, durchaus beklemmendes Zombieszenario mit Horden schön gammeliger Untoter, ein hoher Härtegrad, genug Gore und ein paar echt hassenswerte Bösewichter.

Sofern man sein Hirn für 90 Minuten über weite Strecken ausschalten kann, wird man gut unterhalten – andernfalls wird der Film schnell zum Ärgernis.

05 von 10 Punkte

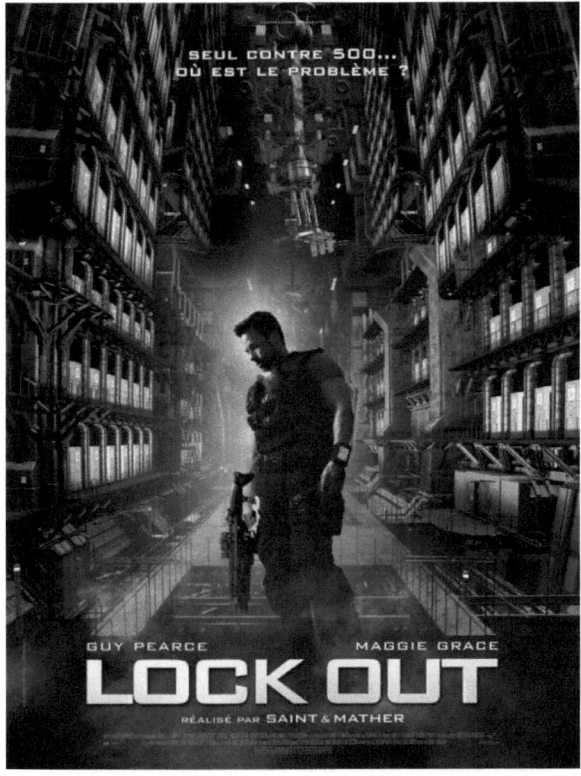

LOCKOUT

Es gibt Krawall im All! Dank der Schusseligkeit des Secret Service schaffen es nicht nur die äußert grimmigen Insassen einer orbitalen Frosta-Gefrierlager-Knasts das Management zu stürzen und selbst die Führung zu übernähmen, die Tochter des Präsidenten (Schnuckelblondchen Maggie Grace) gerät sogleich auch noch in die Gewalt der frisch aufgetauten Rabauken.

Gut, dass der ebenso harte wie coole Rüpel-Agent Snow (Guy Pearce) gerade berufsbedingt ein paar Schwierigkeiten hat und die ihn angebotene Selbstmord-Befreiungsmission unbedingt annehmen muss, um nicht selbst straffvollzugsmäßig eingefrostet zu werden.

So macht er sich mit Kippe im Kopf und reichlich flotter Sprüche in der Hinterhand auf ins All zur Rettung der First Daughter.

Und er hat nicht viel Zeit.

Denn, davon abgesehen, dass die Geiseln im Minutentackt kaputt geballert werden, droht auch, mangels fürsorglicher Wartung, der ganze Knast auf den blauen Planeten zu plumpsen.

KRITIK UND FAZIT: Dreist zusammengeklaute, dafür aber herrlich hohle Sci-Fi-Action-Grütze irgendwo zwischen „Flucht aus New York" und „Stirb Landsam" im All mit gut aufgelegten Darstellern, einem am laufenden Band coole Sprüche klopfenden Helden und einem ordentlichen Bodycount.

Dank Luc Besson´s Zutun als Produzent ansehnlich in Szene gesetzt. Optimal für den anspruchslos lockeren Hirn-aus-Disc-an-Bier-rein-Abend.

07 von 10 Punkte.

CAMEL SPIDERS

Der nahe Osten kann schon echt kacke sein!

Es ist scheiß heiß, man wird ständig von feindlichen Combatanten beschossen und Spinnenmonsterviecher gibt's auch noch! Letztere helfen zwar einer amerikanischen Einheit im Kampf gegen Vorletztere, indem sie das miese Taliban-Look-a-like-Pack aus dem Bild zerren (wahrscheinlich direkt nach Guantanamo), nutzen aber gleich auch die Gelegenheit im Sarg (klassisch!) eines erschossenen Soldaten in die USofA einzuwandern und sich dort binnen Sekunden zu vermillionenzufachen (ach was! Zu vertrillionenzufachen!!! Die ficken nun mal gern die Viecher!).

Jeeeedeeeenfalls... Kaum unfallbedingt aus dem Sarg gekrochen, wird schon die halbe Bevölkerung einer Wüstenstadt (inklusive krass alter Teenager und Studenten) weggespinnert, und der Leutnant (oder so) vom toten Soldaten (der seinen Untergebenen gänzlich ungekühlt in einer Holzkiste im Truck, inklusive Waffenzeug, durchs

Land kutschiert hat) muss nun mit dem örtlichen Scheriff und einer bunt zusammengewürfelten Gruppe (inklusive zerstrittener Familie und zwielichtiger Spekulanten) gegen die schlecht animierte Spinnenbrut anfighten.

KRITIK UND FAZIT:

Ich weiß eigentlich gar nicht, was ich zu diesen Film schreiben soll, um überhaupt wirklich klar zu machen wie grottig diese zeitgenössische Roger Corman Produktion ist.

Moment! Um zu verdeutlichen, wie schlimm es war, stellt euch vor die folgende Kritik entspricht der Spielzeit des Films und jedes **PLOP!** Steht für ein Bier, dass nötig war um ihn zu überstehen!

Ich bin ein großer Fan der NEW HORIZO Produktionen der 80er und frühen 90er, wie etwa die „Carnosaurus"-Reihe **(PLOP!)**, das erste „Piranha"-Remake und noch viele andere Trash-Perlen, von denen sich dieser Spinnen-Monster-Schmoncker gar nicht mal so großartig unterscheidet. **(PLOP!)**

Doch hatten die alten Produktionen ihren naiven Charme und boten zudem billigen aber effektiven Latex-Splatter, gehen gerade diese zwei Pluspunkte „Camel Spieders" vollkommen ab.

Was übrig bleibt ist dann auch eben nur ein billiges, spannungsfreies, schwachsinniges und schnell abgefilmtes Machwerk, gegen das die oben angesprochenen Filme regelrecht kinoreif erscheinen. **(PLOP!)**

Allein der Mangel an Logik und Continuity ist so offensichtlich, dass selbst der letzte besoffene Vollpfosten sich nach 10 Minuten **(PLOP!)** erstaunt am Kopf kratzen müsste, was denn da eigentlich abgeht – vermehren sich doch schon allein die Spinnen in einem solchen Tempo übers ganze **(PLOP!)** Land, dass es auf keine Kuhhaut geht. Und das ist nur der offensichtlichste Bruch mit den Gesetzen von Verstand, Realität, Zeit und Raum (eine Aufzählung würde die Grenzen dieser Review, vielleicht des Magazins, sprängen). **(PLOP!)** Und wenn schon die Rede von den Spinnen ist, diese sind so abartig schlampig animiert - Playstation-One-Niveau wäre da noch eine Umschmeichlung! **(PLOP!)**

Aber was soll man sich wunder, schließlich wurde das Ding ja von Jim Winorski („Demolition High") verfilmt, dessen Ansprüche ja noch nie sonderlich hoch waren, und der seit der Jahrtausendwende von einem Filmischen Tiefpunkt auf den anderen zusteuert. **(PLOP!) (PLOP!) (PLOP!)**
Da ändert auch das Zutun der immernoch überaus heißen B-Movie-Queen Melissa Brasselle (u. a. ebenfalls „Demolition High") und C. Tomas Howell nichts, die einem da nur leidtun können, dass sie auf Rollen in Müll wie diesem angewiesen zu sein scheinen. **(PLOOOP!)**

FAZIT: Selbst mit reichlich Alk, ist dieser Spinnen-Monster-Schnellschuss kaum zu (v)ertragen. Einzig das hohe Tempo und das dieser Bockmist sich zumindest nicht ernst nimmt, sorgen für drei knausrig abgegebene Punkte. **(PLOP!)**
03 von 10 Punkte.

LIVID – DAS BLUT DER BALLERINAS

Weil der verdienst bescheiden und Kohle von Nöten ist, steigen die junge Altenpflegerin Lucy, samt Freund und dessen Bruder in das Anwesen einer komatösen Greisin ein, weil es heißt, dass diese dort einen Schatz verborgen hält.
Dieser wird dann auch entdeckt. Doch schnell müssen die kleinkriminellen Freunde feststellen, dass das Wort „Schatz" ein sehr dehnbarer Begriff ist, der einem auch schnell in den Hintern beißen kann...

Fazit und Kritik:

Ruhiger und edel in Szene gesetzter Vampirhorror vom Regie-Duo Alexandre Bustillo und Julien Maury („Inside") , der langsam daherkommt um seine Zuschauer im letzten Drittel mit bizarren Ideen, Argento-Anleihen und einen ordentlichen Schuss knallharter Gore-Einlagen zu beeindrucken weiß und viel Raum zum Nachdenken lässt.
Zwar hätte ein Tick mehr Spannung dem Film durchaus gut getan, doch sehenswert (und kreativer als die übliche Genre-Ware) ist das Ganze allemal.

FREIGABE: Die FSK hatte hier mal wieder einen guten Tag. Trotz einiger wirklich grafischer und harter Szenen, bekam der Film unzensiert gar eine Ab16-Freigabe. Die deutsche DVD ist dank Bonusmaterial ab18.
07 von 10 Punkte

NIGHTOF THE LIVINGDEAD3D: RE-ANIMATION

Gerald Tovar hat ein dickes Problem! Das Krematorium ist kaputt und die Toten im familiären Bestattungsunternehmen wollen einfach nicht auf die Einäscherung warten und büchsen am laufenden Band aus! Da ist weder das bedepperte kiffende Personal besonders Hilfreich, noch der ungläubige Bruder, der gern den Betrieb übernehmen würde, und seine Chance darin

sieht Bruderherz in die Geschlossene abschieben zu können.
Es folgt eine Nacht der lebenden Toten...
(Sofern man bis dahin wach bleibt...)

KRITIK:
Meine Fresse...
Man sollte doch meinen, alleine die Tatsache; dass Jeffrey Combs und Adrew Divoff in einem Zombiehorror mitspielen, sollte für einen spaßigen DVD-Abend reichen.
Doch weit gefehlt! Was einem hier hinter dem geradezu blasphemi-schen Titel erwartet, ist wohl einer der allerübelsten Zombiefilme die ich jemals gesehen habe (und ich habe sie fast alle gesehen!).
Und das will wirklich was heißen!
Dieser Film, der wohl ein Prequel zum ohnehin schon nicht sonder-lich guten ersten „Nicht oft he living Dead 3D" darstellt, ist (und man kann es einfach nicht anders ausdrücken) absolut wertlose Scheiße in Reinkultur.
Die Story ist ein Hauch von Nichts und die Handlung zieht sich wie Schmelzkäse in der Sonne und versucht den Zuschauer zum Ende hin dann mit dermaßen lächerlichen und schlecht (Billig-CGI-)getricksten Zombie-Gemetzel zu vertrösten, dass man sich nicht entscheiden kann, ob man lachen oder weinen soll (ich tendierte zu Letzteren).
Da helfen auch nicht die zwei oben erwähnten Kult-Größen. Gibt sich der dafür bewundernswerte Divoff zumindest (wie sonst auch im-mer) sichtlich Mühe, aus dem Mist, denn man ihn vorgesetzt hat, das Beste heraus zu holen, schleicht Combs motivationslos und gelang-weilt durchs Bild und verweigert sich jeder Arbeit – was in Anbe-tracht des Gesamtwerkes nachvollziehbar ist (schließlich versucht man ja auch nicht einen Waldbrand aus zu pinkeln). Den Rest der Besetzung kann man übrigens auch getrost vergessen (was ich liebs-ten mit dem ganzen Film machen würde).
Dass der Film überhaupt einen Punkt bekommt, ist übrigens einer (Drogen sei Dank) zumindest witzigen Zombie-Sex-Szene und einer Sahra Palin Karikatur zu verdanken, die immerhin für wenige Lacher

sorgen, allerdings auch eher deplatziert wirken, da der Rest von diesem Dreck gänzlich humorfrei und bierernst daher kommt.

Fazit:
Eher zünde ich mir den Pimmel an und tanze dazu Disco-Inferno, als mir diesen (seinem Titel unwürdigen) Dreck von einer Schlaftablette noch mal anzutun.
01 von 10 Punkte.

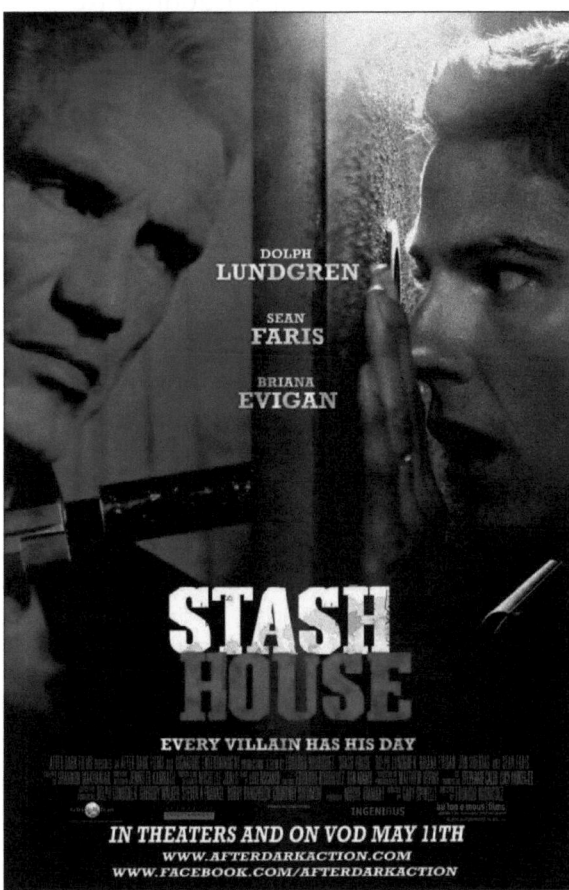

STASH HOUSE

...Und es hätte doch so schön werden können. Da haben sich das junge Paar Emma und David Nash ein atemberaubendes mit neuster Sicherheitstechnik ausgerüstetes Luxushaus, zum Schnäppchenpreis, gekauft und wollen die erste Nacht (ohne Handys) in romantischer Zweisamkeit verbringen, da müssen sie schnell feststellen, dass die komplette Wärmedämmung einer Wand aus purem Heroin besteht.
Als wenn das schon nicht genug wäre, erweist sich der zuvor vorgestellte freundliche Wachmann aus der Nachbarschafft als Profikiller und will den Beiden, jetzt wo die Katze aus dem Sack ist, die Lichter ausknipsen.

Zwar gelingt es sich noch knapp ins Haus, dass sich als äußerst einbruchssicher heraus stellt, zu retten, doch eine Flucht erscheint unmöglich.

Außerdem tritt ein weiterer Killer auf den Plan, der sich noch als weitaus gefährlicher herausstellt als sein Kollege. Und auch sonst hat die Nacht ein paar unangenehme Überraschungen zu bieten.

KRITIK UND FAZIT:

Mit „Stash House" präsentiert uns TV-Serien-Routinier Eduardo Rodrigues sein für After Dark Films produziertes Spielfilm-Debüt, das mit einem soliden Budget für den DTV-Markt umgesetzt wurde.

Und an dem sehr soliden Home-Invasion-Thriller a la „Panic Room" gibt es eigentlich auch kaum etwas auszusetzen.

Tatsächlich hat der Film sehr viele Aspekte die ihn sehr empfehlenswert machen.

Sei es die gute Besetzung mit soliden Darstellern aus der zweiten Reihe Hollywoods (allen voran Dolph Lundgren, der als eiskalter Profikiller jeden seiner Kollegen in den Schatten stellt), der gelungene Spannungsaufbau, der schnell ein konstant hohes Level erreicht und sich besonders zum Finale hin, noch ordentlich steigern kann und besonders die Tatsache, dass die Nash´s sich hier mal nicht als verblödete Durchschnittsopfer erweisen, sondern nachvollziehbar handeln und durchaus mit ihren Beschränkten Mittel zurückzuschlagen wissen, was sie einerseits sehr sympathisch macht und für ein angenehm ausgeglichenes Katz- und Maus-Spiel sorgt.

Das Einzige was man dem Film vorwerfen kann, ist dann doch, dass er letzten Endes etwas zu Austauschbar ist, nichts wirklich Neues bietet und man ihn schnell auch wieder vergessen hat.

Für einen netten Sonntagabend mit einer anständigen Portion Thrill ist er aber allemal gut.

Der Film dürfte bald hierzulande ungeschnitten seinen Weg auf DVD und Blu Ray finden – eine 16er-Freigabe wäre durchaus drin, da der Film bis auf wenige Gewaltspitzen hauptsächlich auf Suspense setzt.

07 von 10 Punkte

NEW KIDS NITRO

Es gibt Ärger in Maaskantje! Die blöden Mongos aus dem Nachbarort Schijindel machen immer wieder Stress, die Homos!

Das können sich Richard und die Anderen nicht bieten lassen, denn keiner fickt mit Maaskantje!

Und dann ist da auch noch das Problem mit den Helgoländern. Die haben außerirdisch verseuchte Milch gesoffen und angefangen jeden anzuknabbern, und wer gebissen wird, wird zum Helgoländer-Homo!

Und als dann auch noch Richard´s Mutter zur Helgoländerin wird, brennt die Luft und die Jungs rücken schwer bewaffnet ins Seuchengebiet!

Denn keiner fickt mit Maaskanje und, von der Regierung winken auch noch nie mehr Arbeiten und nur noch Huren bumsen!

KRITIK: Bescheuert und geschmackslos wie eh und je, bietet auch „New Kids Nitro" einige Schenkelklopfer für die anspruchslose Bierdosenfraktion und Fans des gepflegten Proll-Humors.

Leider aber geht der Nitro-Einspritzung ab der zweiten Hälft zusehends die Puste aus und der durchaus gorelastig in Szene gesetzte Zombie-Part wird durch das grenzenlos behämmerte (einfach nur blöde) Finale auch noch in den Sand gesetzt

Lieber noch mal den ersten Teil, oder die Original-Serie gucken.

06 von 10 Punkte

GRINDHOUSE LOUNGE

Unsere Filmempfehlung die in keiner Bahnhofskino Sammlung fehlen darf!

HOBO WITH A SHOTGUN

Frisch aus dem Zug in Hope Town eingetroffen, will der arme Obdachlose nichts mehr, als sich einen Rasenmäher zu kaufen und ein neues Leben als Gärtner beginnen. Doch die Stadt gleicht einem postapokalyptischen Moloch aus Gewalt und Kriminalität den der psychopatische „The Drake" zusammen mit seinen degenerierten Söhnen regiert und von der Polizei geschützt wird.

Als „The Hobo", nach einen unerträglichen Leidensweg schließlich sein Geld zusammen hat, und im Geschäft vor dem Objekt seiner Begierde steht, machen ihm ein paar Gangster einen Strich durch die Rechnung. „The Hobo" entschließt sich für eine Schrotflinte und ein neuer Rächer ist geboren, der von nun an die Straßen zu reinigen beginnt.

Doch „The Drake" hat da deutlich was gegen.

ES MUSS BERICHTET WERDEN!

Wilkommen in den Gefilden des Wahnsinns! Wilkommen im Land wo Blut und Eiter fließen, und wo es gut ist schlecht zu sein.

Ich muss euch davon berichten...

Ich muss euch von den 85 Minuten Wahnsinn berichten die da meine Netzhaut verstrahlt und mein Hirn weichgespült haben. Und ich muss euch dringend nahe legen, euch dieses ‚Mayhem so schnell wie Möglich auch zu Gemüte zu führen – am besten bei Bier, Döner und mit den besten Kumpels.

GRINDHOUSE NACHGEBURT...

Der Fake-Trailer „Hobo with a Shootgun" entstand zwar als Nebenprodukt des Tarantino/Rodrigues „Grindhouse"-Features, im Zuge eines Wettbewerbs, den er gewann.

Der Film selbst entstand aber ohne Beteiligung der beiden Hollywood-Größen. Und dass ist auch ganz gut so. Denn mit deutlich niedrigeren Budget, dafür aber viel mehr Freiheiten seitens des Regisseurs Jason Eisener entstand hier eine „Trash-Hommage", die ihre

Kollegen, wie „Machete", „Death Proof" oder „Planet Terror", locker in die Tasche steckt.

Im Gegenteil zu angesprochenen Vorbildern will „Hobo" nicht nur Trash sein, er ist es auch tatsächlich und hat auch so mehr Ähnlichkeit mit einer extrem gut geratenen „Troma-Produktion", als mit seinen Kinoverwanden.

THE HAUER SHOW

Gerade an „Machete" lässt sich der Unterschied bestens verdeutlichen.

Der zweifelsohne sehr gelungene Film hatte zwar ebenfalls eine B-Ikone als Titelgebende Hauptfigur, war dann aber bis in die kleinste Nebenrolle vom Feinsten besetzt, und hat dann auch in teils überflüssigen Nebenplots versucht das auszuschöpfen, was zu Lasten des Tempos ging und den Film unnötig streckte.

Bei „Hobo" reicht B-Movie-Legende Rudger Hauer voll als Galionsfigur aus(, was nicht bedeutet, dass der Rest des Cast aus Amateuren besteht).

BUTTER BEI DIE FISCHE!

Auch verzichtet „Hobo" auf überflüssige Witzchen und ständiges Augenzwinkern.

Natürlich ist der Film nicht ernst gemeint, doch das muss er seinem Zuschauer nicht extra auf die Nase binden – er traut ihm zu, dass dieser das von alleine merkt.

„Hobo" setzt auf Anti-Humor. Er ist alles so derbe blutrünstig, knallhart und absurd und dabei bierernst, dass man das Ganze paradoxerweise gar nicht ernst nehmen könnte und trotzdem nicht das Gefühl bekommt eine Komödie zu gucken. Und das ist das Geniale an „Hobo with a Shootgun", er funktioniert sowohl als ultrabrutaler, tumper Splatter-Rache-Actioner, als auch geniale als Hommage für das Genre.

Keine überflüssigen Spielchen, keine Witzchen, kein Shakespear – hier steht die kompromisslose, total überzeichnete Rache-Story im Vordergrund und wie man sie am schönsten Zelebrieren kann, ohne dass dabei Spannung und Tempo auf der Strecke bleiben. Genau so solls auch sein.

THERE WILL BE BLOOD...

Dabei kommen besonders die Splatterfans auf ihrer Kosten. Gefühlt vergehen keine drei Minuten, ohne das die rote Suppe großzügig durch die Szenerie spritzt und irgend ein Körperteil möglichst kreativ (und sehr gut CGI-frei von Hand getrickst) abgetrennt, oder zermanscht wird. Dabei sind geschmacklich und härtetechnisch keine Grenzen gesetzt, seien es die Bewerber zu den blutrünstigsten Einschüssen der Filmgeschichte, oder mal ein voll besetzter Schulbus der Opfer eines Flammenwerfers wird. Gnade? Hier nicht.

JEMAND MUSS JA DER BÖSE SEIN...

Schauspielerisch bleibt die Spitze natürlich Rudger Hauer vorbehalten. Er spielt den Obdachlosen, der sich nichts mehr als seinen Frieden wünscht wunderbar und kann die Wandlung vom Opfer zum Rächer wunderbar darstellen.

Ihm zur Seite steht die hübsche und liebenswerte Hure Abby, sehr schön gespielt von Molly Dansworth . Die beiden sind dann eigentlich auch die einzigen halbwegs realistischen Figur im Film, denn um sie herum herrscht nur Wahnsinn und Boshaftigkeit, was vom Rest des Cast eigentlich nur Overacting erfordert und auch so gewollt ist. Erwähnenswert bleibt noch Brian Downey als Oberbösewicht „The Drake". Einfach herrlich, wie er andauernd unter Strom steht und vor Bösartigkeit förmlich zu explodieren scheint.

FEIN HAT ER DAS GEMACHT...

Ein weiterer großer Pluspunkt ist die wirklich hervorragende Inszenierung. Muss man sich anfangs noch etwas an die digital verfremdeten, etwas grellen Farben gewöhnen, so erweisen sich diese schnell als wahrer Segen, unterstützen sie doch bestens die comichafte Atmosphäre, ohne zu aufgesetzt zu wirken.

Atmosphärisch hat mich der Film übrigens über weite Strecken an den dritten „Death Wish" erinnert, hatte aber seine stärksten Momente, wenn Eisener offenbar John Carpenter Tribut zu zollen versucht.

Besonders der Angriff der „Plaguers" (Dämonische Killer in Ritterüstungen) auf das Krankenhaus ist ein Fest für Augen und Ohren, und einer der besten Filmmomente die ich seit langen erleben durfte.

FAZIT: „Hobo with a Shotgun" ist einfach nur grandioses, bluttriefendes und zugleich liebevolles Rache-Trashkino der feinsten Sorte. Filmgewordener Wahnsinn, als hätte John Carpenter bei "Troma" angeheuert. Dagegen ist „Machete" ein Kinderfilm.

PROGNOSE: Eine FSK-Freigabe der ungeschnittnen Fassung ist sehr unwahrscheinlich.

HORROR IN DER DRITTEN DIMENSION
Unsere 3D-Blu Ray Empfehlungen

SAW VII

Und es hat sich immer noch nicht ausgespielt...
Jigsaw mag zwar tot sein, doch seine testamentarisch verfügten Bestrafungen werden weiterhin umgesetzt.
Diesmal ist der Autor und Pseudo-Jigsaw-Überlebende Bobby Dagen an der Reihe für sein dreistes herumgeposer zu bezahlen, und darf in bester Fort-Boyar-Tradition allerlei knifflige und schmerzhafte Aufga-

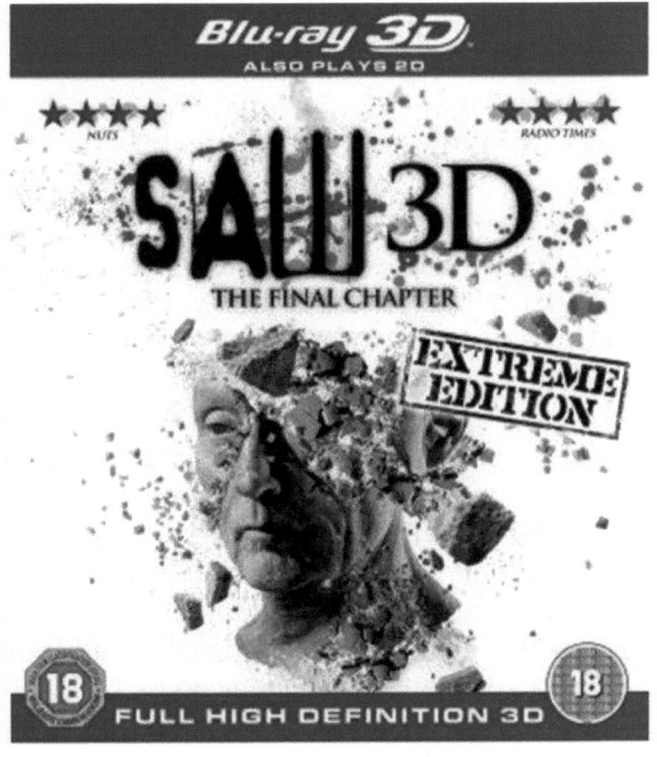

be erledigen um seine Freunde und Komplizen vor dem sicheren Tod zu erretten.
Aber auch Jigsaw-Witwe Jill hat ein gewaltiges Problem, denn ihr Versuch Hoffman den Schädel auf zu knacken ist gehörig in die Hose gegangen und nun lässt der sich auch, trotz Fahndung und Zeugenschutz, nicht davon abbringen an der Frau Rache-ist-Blutwurst zu spielen.

DER FILM: Zum Abschluss der berühmt berüchtigten Folter-Reihe, geben die Macher noch mal Gas und liefert den Fans einen versöhnlichen Abschluss, der Qualitativ zumindest an die vergangen drei Teile anknüpfen kann.

Folter- und Splatter gibt es also wieder zuhauf zu bewundern und die rasante Handlung lässt auch keinen Raum für Längen.

Auch storytechnisch werden einige lose Fäden verknüpft, wenn aber auch noch einige Fragen offen gelassen.

Einzig beim Blut ist etwas schief gegangen, weil dieses zuweilen sehr unecht hell, fast rosa aussieht. Grund dafür dürfte die 3D-Konzeption gewesen sein, um den (zumindest im Kino) dunklen Bild entgegen zu wirken. **08 von 10 Punkte.**

DIE 3D-BLU-RAY:

„SAW VII" wurde von vorne herein in 3D geplant und auch in nativen 3D gedreht, weshalb er neben einer beeindruckenden Tiefenwirkung auch an den entsprechenden Stellen schicke Pop-Outs zu bieten hat. Letztere halten sich zwar quantitativ in Grenzen, sind aber so gekonnt eingesetzt, dass sie das technisch perfekte Gesamtwerk perfekt abrunden – da man hier (mangels jeder Form von Bildrauschen, oder anderer Fehler) konstant das Mitten-Drin Gefühl hat.

Das gilt auch für die (vergleichsweise leicht geschnittene) deutsche 3D-Blu Ray. Wer aber auf deutschen Ton verzichten kann (und nicht zu der aktuell als teure Komplet-Edition einzig verfügbaren, deutschsprachigen Fassung greifen will) sollte unbedingt zur schick gestalteten UK-Version greifen, welche es für wenig Geld übers britische Ebay zu erwerben gibt.

10 von 10 Punkte

One Way Trip 3D

Sechs Freunde fahren übers Wochenende in die Wälder um unter Einfluss eines Pilzes, der unter dem Namen „Spitzkägliger Kahlkopf" berüchtigt ist, ein Bisschen die Sau raus zu lassen und am Lagerfeuer ihrer Halluzinationen zu frönen. Zusammen mit einem weiteren Paar, das sich dranhängt, ist das leckere Teilchen auch schnell gefunden und die Sause kann steigen.

Leider aber torkelt schon bald das erste Mitglied der Gruppe blutüberströmt von der Pinkelpause zurück und bricht vor versammelter Truppe zusammen.

Von nun an geht's ums blanke Überleben. Denn offenbar mögen ein finsterer Almen Öhi und seine missgestaltete Tochter es gar nicht, wenn in ihren Wäldern gefeiert wird.

DER FILM: Auch wenn weder die Schweiz, noch Österreich sonderlich durch ihre (eigenproduzierten) Horror-Exporte berühmt sind, bekommt der nach neuem Futter schreiende Horrorfan hier einen grundsoliden und sehr altmodischen Slasher geboten, der sich nicht großartig hinter seinen großen US-Vorbildern wie (besonders) „Freitag der 13te", oder „My bloody Valentine" zu verstecken braucht. Zwar sind besonders die auf locker-cool getrimmten, und doch absolut austauschbaren Klischee-Knallschargen, etwas gewöhnungsbedürftig, doch auch nicht viel unsympathischer als die Figuren die man sonst in vergleichbaren Produktionen vorgesetzt bekommt.

Davon abgesehen geht es in der zweiten Hälfte auch schnell mit dem Meucheln los und hier zeigt der Film auch durch kreative und teils harte Kills seine Stärken.
06 von 10 Punkte.

Handwerklich gibt es bei Regisseur Markus Welter („Im Sog der Nacht") auch nichts zu meckern – einzig etwas mehr Spannung wäre doch wünschenswärt gewesen. Im Großen und Ganzen, ein gut anschaubarer sehr durchschnittlicher, teils altbackener Slasher mit angenehmen Härtegrad.

AM RANDE: Was den sehr ähnlichen und teilweise besseren „Shroms" angeht, wird übrigens behauptet, dass die Produktion von „ONE WAY TRIP 3D" schon vor dessen Erscheinen geplant war.

DIE 3D-BLU RAY: Genau wie eben besprochener „SAW VII" wurde auch dieser Film in 3D gedreht, was sich neben einer sehr schönen Tiefenwirkung besonders in den Mord-Szenen durch zahlreiche Pop-Outs bemerkbar macht. Hier gewinnt der Film auch deutlich von der Technick.
Leider aber ist wohl bei so mancher dunkler Szene ein Filter zur Unterdrückung des Bildrauschens zum Einsatz gekommen, weshalb es in besagten Szene gelegentlich zu hässlichen Unschärfen kommt – diese halten sich aber glücklicherweise in Grenzen.
Ghostig war dagegen Keines festzustellen.
Trotz des einen Wermutstropfens immer noch eine der besseren 3D Blu Rays, die aktuell auf dem Markt sind.
08 von 10 Punkte

Der Film ist hierzulande mit FSK:ab18 ungeschnitten.

Exklusiv Interview: Timo Rose

Missverstandener Künstler oder abgewichstes Genie?

Für seine Fans ist er der „deutsche Godfather of Gore" für seine Kritiker ein „Master of Desaster". Zum gemütlichen Kaffeeklatsch in unserer Gummizelle spricht Indi-Regisseur Timo Rose (u.a. „Game Over", „Mutation", „Fearmakers") mit uns über seine anstehende Biografie, die Zensur seines neuen Films „Unrated 2", seine Kritiker und seinen Lieblings-Softsexfilm.

Hallo Timo, es freut mich sehr dich in unseren kleinen Schundblatt begrüßen zu dürfen.
TR: Und ich freue mich dir hier und heute ein paar Fragen zu beantworten! Vielen Dank und Hallo.

Zunächst mal die fast schon langweilig übliche Standartfrage: Wie bist du zum Filmemachen gekommen?
TR: Ich habe schon als Kind (im Alter von 10-11 Jahren) Kurzfilme gedreht. Die Leidenschaft war schon immer irgendwie vertreten. Als Kind sah ich heimlich Filme wie „Jaws" oder „Poltergeist" im TV, Dann entdeckte man alte VHS – oder Video 2000 Bänder mit Titeln wie „Geisterstadt der Zombies" oder „Tanz der Teufel". Somit war die Leidenschaft geboren. Von da an wollte ich ALLES wis-

sen und fragte meine Eltern aus. Es ließ mich nie wirklich los, und irgendwann schnappte ich mir eine Kamera und es nahm seinen Lauf

Es gibt ja Leute, die nichts mit deinen Filmen anfangen können. Trotzdem bist du (gar international!) für einen Indi-Regisseur durchaus erfolgreich.
Also, ganz frech gefragt, abgewichstes Genie, oder missverstandener Künstler?

TR: Das ist ja eigentlich bei jedem medium so, sei es Musik oder Film. Der eine mag oder liebt es, der andere hasst es und mag es nicht. Das gab es schon immer und das wird es immer geben. Und das ist absolut okay und richtig so.

Ich feierte in Deutschland meine Erfolge, aber das Hauptaugenmerk liegt trotzdem im Ausland, wo ich derzeit sicherlich erfolgreicher bin als hier. Abgewichstes Genie oder missverstandener Künstler? Gute Frage, vielleicht nichts davon, vielleicht eine Kombination aus beidem und noch mehr?! Man weiß es nicht genau. Ich liebe es einfach meine Projekte umzusetzen, meine Visionen zu vermitteln oder Geschichten zu erzählen. Heute hat man seinen Namen, seine Misserfolge/ Erfolge und seine treue Fanbase, und ich hoffe immer, Projekte zu realisieren, die dem Großteil gefällt. Auf der anderen Seite wird fast jeder Künstler irgendwann einmal missverstanden, und in jedem Künstler wohnt zugleich ein Genie!

Dein letzter Output „Unrated 2" ist hier in Germanistan bei der FSK nicht gerade auf Gegenliebe gestoßen und musste für die höchstmögliche Freigabe zensiert werden.
Was denkst du darüber? Und kann man demnächst im deutschsprachigen Raum mit einer unkastrierten Version deines Werkes rechnen?

TR: Es wurde ja fast jeder Tropfen Blut entfernt. Schön ist das bei weitem nicht mehr. Der Film hat definitiv seine „harten" Stellen und Momente, aber das ist eine absolute Frechheit. Jeder „Mord" wurde entstellt und geschnitten. Bodenlose Frechheit !!! Ich hoffe, dass sehr bald eine VÖ aus Österreich erscheinen wird.

Demnächst steht deine auf Papier gebannte Biografie an. Mit gerade mal 35 Jährchen auf dem Buckel schon eine Biografie? So ein bewegtes Leben? Und was erwartet uns Leser?

TR: Ich denke das ich viel mehr zu erzählen habe, als diverse andere Personen die im Alter von 50 ihre erste Biographie veröffentlichen. Ich habe scheiße gefressen, hatte phantastische Momente und Erlebnisse, ich war wegen diverse Dinge vorbestraft und auf Bewährung, habe meine Verbundenheit und „Angehörigkeit" zur Reeperbahn/ zum Rotlicht und einiges mehr. Außerdem bin ich jetzt fast 20 Jahre im Bereich Film und Musik unterwegs. Glaub mir, ich habe sehr viel zu erzählen, sehr sehr viel und ich werde definitiv kein Blatt vor den Mund nehmen. Fakten, Geschichten und Erinnerungen. Nur habe ich derzeit noch keinen Titel im Kopf. Aber fest steht, ich werde vieles über mich erzählen, das bis heute keiner (oder kaum einer) weiss... und einige werden vielleicht sogar geschockt sein.

Stichwort: King Hannibal. Irgend Etwas, was du uns dazu erzählen möchtest?

TR: King Hannibal ist mein Rap- und Hip Hop-Ego. Und es werden 2012-2013 4 Alben erscheinen. Desweiteren ist King Hannibal auf etlichen Veröffentlichungen des Labels „Hirntot Records" vertreten. Und ich arbeite mit Magdalena Kalley an unserem „King & Prinzessa" Projekt, welches auch 2012 eine erste eigene CD-VÖ finden wird. Erscheinen wird das ganze Zeug über unser Label „Respect Music", aus Hamburg.

Was steht Filmisch für die Zukunft an?

TR: Ich plane derzeit zwei meiner bisher größten filmischen Projekte, aber kann aus vertraglichen Punkten noch nichts darüber erzählen. Lediglich, dass es zwei sehr interessante und gut besetzte Projekte/ Filme sind, deren Geschichte ich sehr liebe und ich freue mich schon auf die Drehs, die ganze Crew und die Schauspieler(innen). Drehen werden wir dann 2013.

Und zuletzt schnell unsere Filmgeschmacksfragen: Lieblings 70ér Horror? Lieblings 80er Actionfilm? Und der Lieblings 90er Softsexstreifen?

TR:70er Horror: Mörderspinnen, der Weise Hai und ...Piranha
80er Action: McQuade der Wolf (eindeutig!)
90er Softsex: Gute Frage...dieses Genre hat mich nie wirklich interessiert... ähm...Showgirls (hahaha)

Vielen Dank für das Interview, Timo. FILMAUSWEIDE wünscht dir viel Glück und weiterhin viel Erfolg für die Zukunft.

TR: Vielen lieben Dank für das Interview und einen schönen und entspannten Tag!

Das Interview führte Andreas Port.
Die Bilder wurden uns von Timo Rose zur Verfügung gestellt.

SPEZIAL:

EINE VORSCHAU AUF SEASON 3

Nachdem die zweite Staffel neben (oder vielleicht auch wegen) vieler produktionsbezogener Widrigkeiten (Budgetkürzungen, neues Autorenteam, Serienschöpfer Frank Darabount wurde gefeuert) eher durchwachsen ausgefallen war, ruhen nun die Hoffnungen der Fans auf der im Oktober in den USA (und wahrscheinlich wieder mit einwöchiger Verzögerung im deutschen FOX-Channel) startenden dritten Staffel, die neben einer neuen Haupt-Location auch die Einkehr neuer (aus dem Comic beliebter und verhasster Figuren verspricht). Auch wird die Staffel diesmal 16 Folgen umfassen, was ein klarer Hinweis auf zwei Halbstaffeln von jeweils acht Folgen ist – dass die Staffel, wie schon die Vorherige, wieder mit Unterbrechung läuft, wurde ohnehin bereits bekannt gegeben.

Dieser Artikel beschäftigt sich damit, womit die Fans der TV-Serie in der dritten Staffel zu rechnen haben. Und das ist ganz schön viel. Gehört der Abschnitt mit dem Gefängnis doch erzählerisch zu den ersten großen Highlights der Comicvorlage.

Die folgenden Angaben sind ohne Gewähr und beruhen hauptsächlich auf Informationen aus der Presse und Schlussfolgerungen, die auf der Kenntnis der Comicvorlage beruhen.

BEREITS SICHER IST:...

(ACHTUNG: MASSIVE SPOILER IN BEZUG AUF DIE COMICS!)

ES GEHT HINTER GITTER... Wie schon in der letzten Minute der 2. Staffel offenbart wurde, wird die neue vermeintliche Zuflucht der Gruppe und Hauptlocation der dritten Staffel ein Gefängnis sein. Dieses gilt es aber natürlich zuerst von den Zombies zu bereinigen.

Im Comic hat der Knast aber auch noch einige Überraschungen zu bieten. Die Positivste ist, dass das Gefängnis fast alles bietet, was man im postapokalyptischen Zombieland zum Überleben brauch. Neben Nahrung und Waffen, gibt's auch eine eigene Stromversorgung via Generator – und einiges mehr.

MEARL KEHRT ZURÜCK
Mearl Dixon (Michael Rooker), der sich in Folge 2 dank miesem Charakter und Kocksnäschen auf einem Dach in Atlanta mit Handschellen an einen Eisenstab gefesselt wiederfand und von seiner rechten Hand verabschieden musste um den Zombies zu entkommen, wurde (nach einem wahrlich traumhaften Auftritt in Season 2) nun auch wieder auf dem Set der dritten Staffel abgelichtet. Ob er nun als reale Person mitspielen wird, oder wieder nur seinem Bruder Daryl in seiner Einbildung heimsucht, bleibt noch abzuwarten. Im aktuellen Foto fehlte jedenfalls seine Rechte. ;)

MICHONNE STÖSST ZU GRUPPE
Die resolute Afro-Amerikanerin Michonne hat schon am Ende der zweiten Staffel einen grandiosen ersten Auftritt hingelegt, indem sie Andrea in letzter Sekunde vor den Zombies gerettet hat. Im Arm hielt sie ihr Schwert, begleitet wurde sie von zwei handzahm gestutzten Zombies an der Leine.

Wurde sie da noch von einer gesichtslosen Füll-Darstellerin verkörpert, wurde die Rolle inzwischen mit Danai Gurira („Treme") besetzt.

Miconne ist einer der interessantesten Stamm-Charaktere in „The Walking Dead", denn davon abgesehen, dass sie knallhart und sehr amazonenhaft daherkommt, hat sie auch ein kleines Geheimnis, dass sie besonders Anfangs auch sehr bedrohlich für die Gruppe macht – sie ist schizophren

DER GOVERNOR TRITT AUF DEN PLAN

Der Governor ist in der **Comic-Vorlage** der erste große Bösewicht. Er regiert mit anderen Überlebenden eine kleine Stadt und hält sein Gefolge mit brutalen Schaukämpfen bei Laune. Da es immer schwieriger wird, die Stadt vor dem Ansturm der Untoten zu beschützen, weckt das vermeidlich sichere Gefängnis bei dem psychopatischen Machtmensch (der sich untote Köpfe im Aquarium hält und seine zombifizierte Tochter nachfüttert) schnell Begehrlichkeiten.

Auch geht er alles andere als freundlich mit Neuankömmlingen um. So lässt er im Comic dem, in seine Fänge geratenen, Rick einen Arm abschlagen und Michonne foltern und vergewaltigen (wofür diese sich später aber noch

gebührend und ausgiebig revangiert).
Zu erwarten wäre sein Auftreten eigentlich erst gegen Ende der Staffel, da sich laut Showrunner Glen Mazzara, die Gefängnis Storyline über Staffel 3 und 4 erstrecken soll. Dieser hat aber erst kürzlich bekannt gegeben, dass die Zuschauer nicht lange auf ihn warten müssen.

Auch soll der Governor facettenreicher als in den Comics dargestellt werden, was ein guter Anhaltspunkt darauf sein kann, dass die Figur nicht von Anfang an als Bösewicht eingeführt wird (ähnlich wie bei Shane). Bekleidet wird die Rolle von David Morrissey (u.a. „The Reaping" „Basic Instinct 2").

BILD LINKS: THE WALKING DEAD COMICS © CROSS CULT COMIX
BILD RECHTS: QUELLE AMC THE WALKING DEAD BLOG © TWD PRODUCTIONS

ZU ERWARTEN / MÖGLICH IST:

KNASTVÖGEL: Im Comic trifft die Gruppe kurz nach dem Eintreffen im Gefängnis auf drei Gefangene, welche die Besucher zunächst freundlich empfangen.

Leider kommt es aber auch schnell (Vorurteils und Misstrauens bedingt) zu Spannungen zwischen den zwei Gruppen.

Das Ganze eskaliert, nachdem sich einer der Häftlinge als psychopathischer Killer herausstellt und ein Blutbad anrichtet. **TYRESE:** Ein wichtiger Charakter in den Comics ist der afroamerikanische Ex-Footballer Tyrese. Nachdem nun Shane in Staffel 2 endlich den letzten Doppelpass (zuerst erstochen, dann erschossen) erlitten hat, wird dieser starke Charakter für die Dramaturgie umso notwendiger werden.

Denn ähnlich wie Shane, bietet er in den Comics einen Gegenpol zu Rick, was zwar zu regelmäßigen Spannungen zwischen den Alphamännchen sorgt, meist aber dem Wohl der Gruppe dient.

Auch wurde sein Name von Mazzara bei einem Interview mit Movieweb in den Raum geworfen, zusammen mit... **MORGAN & SOHN:** Der sympathische Vater und sein Sohn wurden seit dem Piloten nicht gesehen, und sollen auch irgendwann im Laufe der kommenden zwei Staffeln wiederkehren.

Neben der Frage nach dem Wann, ist vor allen Dingen das Wie sehr interessant. In den Comics wird das Wiedersehen nämlich von einem gewaltigen Schock begleitet. **LORI`s ENDE:** Sehr interessant dürfte auch die Frage sein, wie es um Loris Schicksal bestimmt ist. Denn davon abgesehen, dass ihr Borderline-Charakter den Fans der Serie immer mehr auf die Nerven geht, schlägt auch in den Comics am Ende der Gefängnis-Storyline (auf sehr drastische Weise) ihr letztes Stündlein.

Sollten noch weitere Informationen zur Season 3 kommen, werden diese natürlich in der nächsten Ausgabe ergänzend erwähnt.

IN DER NÄCHSTEN AUSGABE:

SPEZIAL:

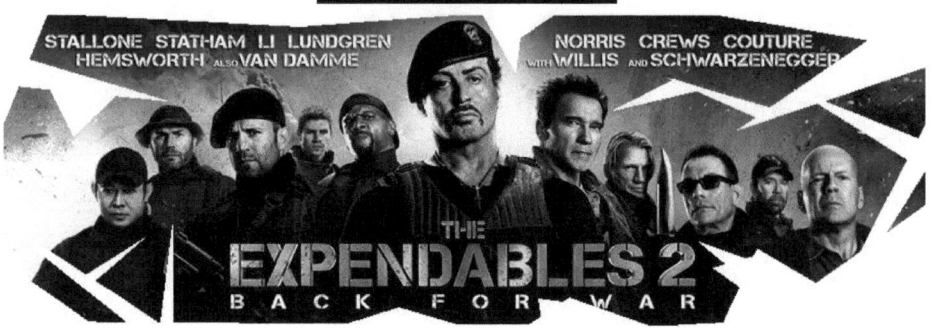

REVIEWS:
CABIN IN THE WOODS... PROMETHEUS...THE RAID... SAFE...LEPRECHAUNS REVENGE...CHERNOBY DIARIES... DEAD SEASON...TORTURED...JERSEY SHORE: SHARK ATTACK...
UND NOCH VIELES MEHR...

ERSCHEINUNGSDATUM: Mitte-Ende August
(Alle Angaben ohne Gewähr)

Impressum: Fornits Fornus Verlag Adrian Majewski	
Herstellung und Verlag: BoD - Books on Demand, ISBN: 9783848216895	
Redaktionelle Leitung: Adrian Majewski	
Redaktion: Adrian Majewski, Andreas Port	
Gestaltung: Adrian Majewski	
Kontaktadresse der Redaktion: fornits-fornus@gmx.de	

Besucht uns auch auf für weitere Informationen auf unserer FACEBOOK-SEIT Splattermovies – Das Splatterblog.